Monica Cacciatore

Feuerbohnen & Kichererbsen

Monica Cacciatore

Feuerbohnen
& Kichererbsen

Hülsenfrüchte – international: Warenkunde und Rezepte

unter Mitarbeit von Claudia Daiber und Hans-Georg Levin

ISBN 978-3-7750-0523-4
© 2008 Hädecke Verlag, D-71526 Weil der Stadt
www.haedecke-verlag.de

Titelbild, Food- und Sach-Aufnahmen: Chris Meier, BFF, Stuttgart.
Weitere Aufnahmen:
Archiv Hädecke: Seite 133.
Edith Gerlach, Frankfurt/M.: Seite 19 li., 31 re., 129
Monika Graff, Weil der Stadt: Seite 16, 41 li., 88, 161, 162.
Peter Kopecky, Ditzingen, Seite 5, 10/11, 13, 15, 21 re., 35 li., 41 re., 46, 103.
Studio Levin, Bonn: Seite 19 re., 21 li., 23 re., 25 li., 28 li., 34 re., 35 re., 45.

Warenkunde: Claudia Daiber und Hans-Georg Levin

Gesamtgestaltung: Julia Graff, Design & Produktion, Düsseldorf.
Gesamtherstellung: Offizin Andersen Nexö Leipzig

4 3 2 1 | 2011 2010 2009 2008

Printed in Germany

Hinweise, Mengen und Abkürzungen:

Soweit nicht anders angegeben sind die Rezepte für vier Portionen berechnet. Bei den Salat-rezepten handelt es sich in der Hauptsache um Salatmahlzeiten, die jedoch auch als Beilagensalat oder Vorspeise (dann sind es mehr Portionen) serviert werden können.
Bei Pfeffer, frisch gemahlen, handelt es sich immer um schwarzen Pfeffer, Ausnahmen sind vermerkt.
Knoblauch, Schalotten und Zwiebeln werden geschält verarbeitet.

g	= Gramm	dl	= Deziliter
kg	= Kilogramm	cl	= Zentiliter
EL	= Esslöffel, gestrichen	ml	= Milliliter
TL	= Teelöffel, gestrichen	TK	= Tiefkühlkost
Msp.	= Messerspitze		
l	= Liter	1 Tasse	= je nach Hülsenfrucht bis 200 g

Inhalt

Einführung

In ihren Ursprungsländern bzw. -kontinenten (Asien, Afrika, Nord- und Südamerika) sind sie ein wichtiges Grundnahrungsmittel, doch in unseren Küchen fristen Hülsenfrüchte weitgehend ein Schattendasein. Das Image von Bohnen, Erbsen, Linsen und Co. ist gehörig ramponiert: Bei vielen Köchinnen und Köchen sind sie verpönt als Arme-Leute-Essen, als für den Magen schwer verdaulich (»jedes Böhnchen ein Tönchen …«) und – ganz entgegen dem aktuellen Ernährungstrend – als gefährliche Dickmacher. Außerdem: Musste nicht schon Aschenputtel zur Strafe Linsen verlesen, während die anderen feiern und tanzen durften? Und war es nicht eine einzige böse Erbse, die eine Prinzessin um den Schlaf brachte?

Alles nur Märchen, Tatsache aber ist:

- dass Hülsenfrüchte reich an lebensnotwendigen Nährstoffen und – mit wenigen Ausnahmen wie der Sojabohne – arm an Fett sind;
- dass Bohnen, Erbsen und Linsen auch aromatisch und geschmacklich eine große Bereicherung unseres Speiseplans sein können und deshalb dort einen festen Platz einnehmen sollten;
- dass die Hülsenfrüchte in der gehobenen Küche derzeit eine Renaissance erleben und viel mehr zu bieten haben als nur deftige Hausmannskost.

Zu einem Comeback in unseren Küchen soll den Hülsenfrüchten nicht zuletzt dieses Buch verhelfen. Verdient haben sie es schon lange. In diesem Zusammenhang wird auch so manche Begriffsverwirrung, wie man sie immer wieder in Veröffentlichungen findet, aufgeklärt – so zum Beispiel die Unterscheidung zwischen den »echten« Hülsenfrüchten und den Bohnen- und Erbsenarten, die im noch unreifen Zustand in der Küche verwendet werden, im Folgenden als »Hülsengemüse« bezeichnet.

Die große Familie der Leguminosen

Bohnen, Erbsen und Linsen gehören zur Unterfamilie der Schmetterlingsblütler innerhalb der großen Familie der Hülsenfrüchtler, die der Botaniker als Leguminosen (lateinisch Fabaceae oder Leguminosae) bezeichnet. Mit über 700 Gattungen und mehr als 19 000 Arten bilden die Leguminosen die drittgrößte Familie der Blütenpflanzen nach den Korbblütlern und den Orchideen.

Als Hülsenfrüchte werden – ganz im eigentlichen Sinne des Wortes – nur die in den Hülsen ausgereiften, getrockneten und essbaren Samen bestimmter Leguminosen bezeichnet.

Nicht zu den Hülsenfrüchten, aber zu den Leguminosen gehören beispielsweise die Erdnuss, die zu den Nüssen (Schalenobst) zählt, sowie Johannisbrot, das als Trockenfrucht gehandelt wird.

Hülsenfrüchte wachsen je nach Art an ein- oder mehrjährigen, krautigen oder verholzenden, niederliegenden, buschig aufrecht wachsenden oder sich an Gestellen bis fünf Meter aufwärts windenden Pflanzen. Aus den unterschiedlich gestalteten und gefärbten Schmetterlingsblüten entwickelt sich eine Hülse von zwei (Kichererbse) bis über 50 Zentimeter (Spargelbohne) Länge. Bei der Reife trocknet diese ein, platzt an beiden Nähten zweiklappig bis zum Stielansatz auf und gibt bis zu 20 Samen frei. Diese sind vier bis 35 Millimeter groß, in der Form rund, oval, länglich, rechteckig, nierenförmig oder scheibenförmig abgeflacht und weiß, gelb, grün, rot, braun oder schwarz gefärbt, entweder einfarbig oder mehrfarbig gemustert.

Beim »Hülsengemüse« wird dagegen nicht abgewartet, bis der Reifeprozess abgeschlossen ist. Verschiedene Arten von Bohnen und Erbsen werden bereits unreif geerntet, das heißt mit unterentwickelten oder ausgewachsenen, aber noch weichen Samen in der Küche verarbeitet. In Abgrenzung zu den Trockenerbsen oder Trocken(koch)bohnen werden sie als Gemüseerbsen oder -bohnen bezeichnet. Sie kommen als auslöste, frische Samen auf den Tisch oder werden mitsamt der Hülse verzehrt.

Geschichte der Hülsenfrüchte

Hülsenfrüchte zählen zu den ältesten Kulturpflanzen der Menschheit. Versteinerte Überreste kleinsamiger Wildlinsen – der Stammpflanze der heutigen Kulturlinse – werden auf ein Alter von etwa 13.000 Jahren geschätzt. Archäologische Funde im Nahen Osten belegen, dass Linsen schon vor etwa 8 800 Jahren, Erbsen und Kichererbsen seit etwa 8 500 Jahren kultiviert werden. Die Indianervölker in Peru kannten Phaseolus-Bohnen schon vor etwa 7 500 Jahren und die Sojabohne wird im Nordosten Chinas seit rund 3 000 Jahren angebaut.

In einigen Kulturen, die weitgehend identisch sind mit den bedeutenden Erzeugerländern heutiger Tage, erfreuen sich Hülsenfrüchte schon früh großer Beliebtheit; in anderen konnten sie sich dagegen nur langsam durchsetzen. Größere Verbreitung auch in andere Winkel der Welt – unter anderem nach Europa – fanden sie im 15. und 16. Jahrhundert im Zuge der Entdeckungsreisen, der Kolonisation und der damit verbundenen Ausweitung des Handels. Erst im 17. Jahrhundert wurden die grünen (unreifen und nicht getrockneten) Bohnen und Erbsen als schmackhaftes Gemüse »entdeckt«.

Bedeutung in der heutigen Zeit

Die Hülsenfrüchte gehören nicht nur zu den ältesten Kulturpflanzen der Menschheitsgeschichte, sie zählen mit einer jährlichen Produktion von rund 60 Millionen Tonnen (ohne Sojabohnen) auch zu den wichtigsten »Nahrungsspendern« auf der Welt. Insbesondere in Nordafrika, Lateinamerika und Asien sind sie ein unverzichtbares Grundnahrungsmittel und gleichen dort unter anderem mit ihrem hohen Proteingehalt den Mangel an tierischem Eiweiß aus. Besonders die indische vegetarische Küche kennt viele Verbindungen von Hülsenfrüchten mit Reis.

In Europa haben Hülsenfrüchte heute nicht mehr den Stellenwert früherer Tage. Ein wesentlicher Bestandteil der Nahrung sind sie noch in den Mittelmeerländern. Uns dagegen interessieren Hülsenfrüchte – ungeachtet ihres hohen Nährstoffgehalts und ihrer positiven ernährungsphysiologischen Eigenschaften – nicht die Bohne. Nur knapp ein Kilo verzehren wir davon pro Kopf und Jahr. Zum Vergleich: Der Fleischkonsum des statistischen Durchschnittsdeutschen liegt – wie im westlichen Europa – bei nicht weniger als 60 Kilogramm.

Keine »leeren Hülsen«

Hülsenfrüchte sind bezüglich ihrer Inhaltsstoffe und Nährwerte keine »leeren Hülsen«, sondern ganz im Gegenteil wahre »Nährstoffbomben« und damit eine hochwertige Energiequelle. Die Samen mit ihren wertvollen Nährstoffen werden dabei von den Hülsen geschützt – wenn man so will die kleinste naturbelassene Konserve der Welt.

Was den Proteingehalt betrifft (er kann bis zu dreimal so hoch sein wie der von Getreide), kann es kein anderes pflanzliches Lebensmittel mit den Hülsenfrüchten aufnehmen; 100 Gramm gegarte Hülsenfrüchte (die Bezugsgröße auch bei den weiteren Werten) enthalten beispielsweise sechs bis neun Gramm Eiweiß. Hülsenfrüchten fehlen zwar einige Eiweiß-Bausteine (essentielle Aminosäuren), doch dieses Defizit kann durch die Kombination mit anderen eiweißhaltigen Lebensmitteln wie zum Beispiel Reis, Mais oder Getreide mehr als ausgeglichen werden. Und schon hat man eine vollwertige Mahlzeit, denn Hülsenfrüchte haben es auch über ihren hohen Proteingehalt hinaus in sich.

So sind Leguminosen reich an Ballast-/Faserstoffen (vier bis zehn Gramm), die bei der Bekämpfung bzw. Vermeidung von Wohlstandskrankheiten eine wichtige Rolle spielen (unter anderem wirken sie verdauungsfördernd und bauen überschüssiges Cholesterin ab). In beachtlichen Mengen enthalten sie außerdem Kohlenhydrate (18 bis 25 Gramm), Mineralstoffe und Spurenelemente (wie Kalium, Calcium, Phosphor, Eisen, Kupfer, Mangan, Zink und Jod) und Vitamine (A, B1 und B2). Das »Sahnehäubchen« obendrauf: Hülsenfrüchte sind (mit Ausnahme von Sojabohne und Kichererbse) zugleich arm an Fett (0,1 bis 0,6 Gramm) und an Kalorien (105 bis 140). Dass Hülsenfrüchte dick machen, entbehrt also jeder Grundlage. Sie liegen ganz im Gegenteil voll auf Kurs der modernen Ernährungslehre. Schon allein aus diesem Grund sollten sie regelmäßig auf dem Speiseplan erscheinen. Einen Wermutstropfen gibt es aber doch: Hülsenfrüchte haben einen hohen Puringehalt, wirken also säurebildend. Purin wird im Körper zu Harnsäure verarbeitet. Nimmt diese überhand, kann sie nicht mehr über Nieren und Darm ausgeschieden werden und reichert sich im Blut an. Menschen, die an Gicht, Nierenerkrankungen, Magen-Darm-Geschwüren oder Magenübersäuerung leiden, sollten deshalb wenig oder keine Hülsenfrüchte verzehren. Außerdem enthalten viele Hülsenfrüchte Nickel. Wer auf Nickel allergisch reagiert, muss daher beim Genuss vorsichtig sein.

Wichtige Inhaltsstoffe ausgewählter Hülsenfrüchte (je 100 g Samen, gekocht, ohne Salz) (Quelle: USDA Nutrient Database, 2006):

	Kalorien	Ballast-stoffe	Kohlen-hydrate	Fett	Eiweiß	Wasser
	kcal	g	g	g	g	g
Adzukibohne	128	7,3	24,8	0,1	7,5	66,3
Augenbohne	116	6,5	20,8	0,5	7,7	70,0
Borlottibohne	136	10,0	24,5	0,5	9,3	64,7
Dicke Bohne	110	5,4	19,7	0,4	7,6	71,5
Gartenbohne (weiß)	118	7,0	21,1	0,5	8,3	69,0
Gartenerbse	118	8,3	21,1	0,4	8,3	69,5
Kichererbse	164	7,6	27,4	2,6	8,9	60,2
Kidneybohne (rot)	127	7,4	22,8	0,5	8,7	66,9
Limabohne	115	7,0	20,9	0,4	7,8	69,8
Linse	116	7,9	20,1	0,4	9,0	69,6
Mungbohne	105	7,6	19,2	0,4	7,0	72,7
Sojabohne	173	6,0	9,9	9,0	16,6	62,6
Spargelbohne	118	3,8	21,1	0,5	8,3	68,8
Straucherbse	121	6,7	23,3	0,4	6,8	68,6
Urdbohne	105	6,4	18,3	0,6	7,5	72,5

Richtige Behandlung bzw. Verarbeitung

Lagerung

Getrocknete Hülsenfrüchte sollten in einem gut verschlossenen Behälter an einem kühlen, trockenen und lichtgeschützten Ort gelagert werden. Unter diesen Bedingungen sind ungeschälte Hülsenfrüchte etwa ein Jahr oder noch länger haltbar, ohne dass man Qualitätseinbußen hinnehmen muss. Geschälte Hülsenfrüchte lassen sich nicht länger als sechs Monate aufbewahren. Gegarte Hülsenfrüchte bleiben im Kühlschrank etwa fünf Tage frisch, in tiefgefrorenem Zustand können sie bis zu drei Monate aufbewahrt werden.

Qualitätsmerkmale

Nach folgenden Qualitätsmerkmalen werden Hülsenfrüchte begutachtet:
- glatte Schale
- einheitliche Form und Größe
- gleichmäßige Farbe
- arttypischer Geruch
- hoher Reinheitsgrad
- frei von Schädlingen

Vorbereitung

Getrocknete Hülsenfrüchte sind in der Küche an sich sehr einfach zu verarbeiten. Trotzdem ist vielen Menschen ihre Zubereitung aufgrund der relativ langen Vorbereitungszeit zu aufwendig. Mit Ausnahme von Linsen, Erbsen, Mung- und Adzukibohnen, die vor dem Garen nicht unbedingt eingeweicht werden müssen, sollte man Hülsenfrüchte – am besten über Nacht – in der dreifachen Menge kaltem Wasser sechs bis zwölf Stunden (je nach Art, Alter und Qualität) quellen lassen. Dadurch können sie sich mit der Flüssigkeitsmenge, die sie beim Trocknen verloren haben, wieder »vollsaugen«. Außerdem verkürzt sich die Garzeit, die Nährstoffe bleiben besser erhalten und die Hülsenfrüchte entfalten eine weniger blähende Wirkung.

Die Einweichzeit genauer anzugeben, ist schwer möglich. Garfertig sind Hülsenfrüchte in der Regel dann, wenn sich ihr Volumen verdoppelt bis verdreifacht hat. Bei der insgesamt guten Qualität der heute im Handel angebotenen Hülsenfrüchte kann man in der Regel darauf verzichten, diese vor dem Einweichen zu verlesen, um Steinchen und beschädigte oder fleckige Exemplare auszusortieren.

So wertvoll ihre Inhaltsstoffe unter ernährungsphysiologischen Gesichtspunkten auch sind, sollten Hülsenfrüchte – abgesehen von ganz wenigen Ausnahmen – doch niemals roh verzehrt werden. Ungekochte Hülsenfrüchte enthalten Substanzen, die zu Vergiftungs- erscheinungen (im Extremfall sogar mit tödlichem Ausgang) führen oder die Verfügbar- keit von Nährstoffen herabsetzen können. Vergiftungssymptome (Erbrechen, Durchfall, schwere Magen- und Darmbeschwerden) werden durch die sogenannten »Lektine« und »cyanogenen Glykoside« hervorgerufen. Beim Kochen werden beide Stoffe unschädlich gemacht, aber auch beim Einweichen oder Keimen werden sie bereits teilweise abgebaut. Die Verfügbarkeit von Nährstoffen wird durch sogenannte »Protease-Inhibitoren«, die eiweißspaltende Enzyme hemmen, und durch »Phytinsäure«, die Mineralstoffe bindet, ge- mindert. Auch diese Stoffe werden durch ausreichendes Erhitzen inaktiviert. In manchen Ländern werden verschiedene Bohnenarten (unter anderem Dicke Bohnen) auch ganz frisch roh verzehrt, was aber gefährliche allergische Reaktionen und andere Krankheits- symptome hervorrufen kann. Vom gesundheitlichen Standpunkt aus ist davon deshalb dringend abzuraten.

Zubereitung

Keine Einigkeit herrscht darüber, ob man Hülsenfrüchte in ihrem Einweichwasser garen sollte. Die Befürworter dieser Methode weisen darauf hin, dass sonst die in der Flüssigkeit gelösten, wertvollen Inhaltsstoffe der Hülsenfrüchte einfach in den Ausguss geschüttet werden. Die Gegner führen an, dass sich im Einweichwasser schädliche Keime bilden kön- nen und blähende bzw. unverdauliche Stoffe darin enthalten sind, die man vor dem weite- ren Kochvorgang eliminieren sollte.

Um Hülsenfrüchte voll zur Entfaltung kommen zu lassen und ihre blähende Wirkung zu- mindest zu mildern, ist es wichtig, sie immer langsam zu garen und beim Verzehr auch gut zu kauen. Unter diesem Aspekt sollte man während des Garens auch auf die Zugabe von Zucker oder anderen süßen Zutaten verzichten. Ebenso sollte man Salz und säurehaltige Zutaten wie zum Beispiel Zitronensaft, Essig oder Tomaten erst gegen Ende der Garzeit zugeben, weil sich diese sonst unnötig verlängert (Ausnahme bei Rezepten, die in der ur- sprünglichen Form überliefert sind). Je nach Art und Typ beträgt die Garzeit in der Regel ein bis zwei Stunden (Ausnahmen siehe Rezept). Abzuraten ist davon, verschiedene Arten oder Typen von Hülsenfrüchten zusammen zu garen, da der häufig sehr unterschiedliche Flüssigkeitsgehalt ein gleichmäßiges Garen nicht zulässt. Ausgesprochen gut harmonie- ren mit Hülsenfrüchten eine Reihe von Gewürzen und Kräutern wie Knoblauch, Salbei, Fenchel, Zwiebeln, Tomaten, Sellerie, Dill, Thymian, Lorbeer, Senf, Tamarinde und Essig. Besonders empfiehlt sich noch die Zugabe von Bohnenkraut, weil es die Bekömmlichkeit von Hülsenfrüchten fördert. Weitere Informationen ab Seite 42 ff.

Bohnen

Allgemeines

Bohnen sind überwiegend einjährige, frostempfindliche Gewächse, einige Arten sind mehrjährig, werden aber einjährig kultiviert. Der Name Bohne steht dabei sowohl für die Hülsen als auch für die Samen einiger Arten der Hülsenfrüchtler.

Während wir in Europa bei Bohnen vor allem an zwei Arten aus der Gattung Phaseolus denken, zählen viele Bohnen, die vor allem in tropischen Ländern angebaut werden, zur Gattung Vigna. Weitere Hülsenfrüchte mit der Bezeichnung »Bohne« im Namen sind Arten aus den Gattungen Vicia und Lablab. Hinzu kommen noch einige Arten aus anderen Gattungen, die aber in erster Linie als Hülsengemüse genutzt oder anderweitig verwertet werden. Eine Sonderstellung nimmt die Sojabohne (Glycine max) ein, die auch als Hülsenfrucht, vor allem aber als Ölfrucht genutzt wird.

Zu gelegentlicher Verwirrung führen die unterschiedlichen Bezeichnungen in den einzelnen Ländern für ein und dieselbe botanische Art: so heißt Vigna unguiculata bei uns Augenbohne, in den USA aber Cowpea (»Kuherbse«).

Mehr noch als die anderen Hülsenfrüchte waren vor allem die Bohnen zu allen Zeiten und in allen Kulturen ein unverzichtbares Nahrungsmittel. Sie konnten getrocknet für den Winter oder Notzeiten, in denen es an Essen mangelte, eingelagert oder zu anderen Produkten (Püree, Brei, Mehl) weiterverarbeitet werden. In Bezug auf ihren Nährwert sind Bohnen besonders hoch einzuschätzen.

Wie bei vielen anderen Leguminosen auch, ist die Anzahl der Arten und Sorten bei den Bohnen recht groß. So werden für die Gattungen Phaseolus und Vigna zusammen rund 200 Arten genannt, die Zahl der Sorten geht dabei in die Tausende.

Bohnenangebot in einer Markthalle in São Paulo (Brasilien)

Vor allem bei den Bohnen muss differenziert werden zwischen den Arten und Sorten, von denen nur die getrockneten Samen gegessen werden (die eigentlichen Hülsenfrüchte, die in diesem Kapitel näher beschrieben werden), und denjenigen, bei denen bereits die noch unreifen (milchreifen) Samen in der Küche verarbeitet bzw. die mitsamt den Hülsen gegessen werden (später im Kapitel »Hülsengemüse« kurz abgehandelt).

Die wichtigsten Bohnenarten und Sortentypen

Die **ADZUKIBOHNE** (Azuki in Japan, Red Chori in Indien) ist eine einjährige, buschig wachsende Pflanze mit Ursprung in Ostasien. Japan, China, Korea und Taiwan sind die wichtigsten der zahlreichen Anbauländer. Die rund acht Millimeter großen, eiförmig bis zylindrischen Samen sind meist dunkelrot, können aber auch weiß, grau, gelb oder

A(d)zukibohnen

Augenbohnen

schwarz gefärbt oder marmoriert sein. In Japan werden 90 Prozent der Adzukibohnen zu »An«, einer süßen Bohnenpaste verarbeitet, die für Teigfüllungen aller Art und Konfekt verwendet wird. In China ist die Adzukibohne ein Glücksbringer und Zutat eines beliebten Festtagsessens. Die Verwendungsmöglichkeiten sind vielfältig: Adzukibohnen sind Bestandteil von Suppen und Reisgerichten oder werden zu Mehl vermahlen (für Teige, Kuchen und Milchprodukte). In Korea werden die Bohnen mit Klebereis zubereitet. Auch wenn Adzukibohnen zu den wenigen Arten zählen, die nicht unbedingt in Wasser quellen müssen, empfiehlt sich eine Einweichzeit von zwei bis drei Stunden. Anschließend werden sie eineinhalb bis zwei Stunden auf kleiner Flamme gegart. Dabei werden sie sehr zart und entwickeln einen kräftigen, süßlichen Geschmack. Beliebt sind auch Keimsprossen der Adzukibohne mit ihrem angenehm nussigen Geschmack.

Die **AUGENBOHNE** (auch Kuhbohne, englisch »Cowpea«, Abb. Seite 17) ist die Frucht einer einjährigen, krautigen Pflanze, die ursprünglich aus Westafrika stammt. Heute erfolgt der Anbau weltweit in den Tropen und Subtropen, auch in Südeuropa und den Südstaaten der USA. Zwei Drittel der Weltproduktion werden in West- und Zentralafrika erzeugt mit Nigeria als größtem Produzenten. In den bleistiftdünnen, bis 30 Zentimeter langen Hülsen verbergen sich acht bis 18 nierenförmige Samen. Es gibt Tausende von Sorten, entsprechend groß ist auch die Farbpalette der Samen von weiß über cremefarben, gelblich, grün, rot und braun bis zu schwarz; dabei können Augenbohnen einfarbig, marmoriert oder gesprenkelt sein. Ein Erscheinungsmerkmal ist aber bei allen Sorten gleich: der dunkle Ring um den Nabel, der wie ein Auge aussieht und dem diese Bohnenart ihren Namen verdankt. Er »markiert« die Stelle, an der ein Samen mit der Hülse verwachsen ist.

Nachdem man sie mehrere Stunden eingeweicht hat, genügt bei Augenbohnen eine Garzeit von rund einer Stunde; »überzieht« man, zerfallen sie leicht zu Brei. Beim Kochen werden sie nicht nur sehr weich, sondern nehmen auch andere Aromen gut auf. Besonders geschätzt wird oft der angenehm nussige Geschmack. Augenbohnen werden für Suppen, Salate Beignets und Schmorgerichte verwendet. In Brasilien wird mit der »Feijão fradinho« das beliebte bahianische Gericht »Acarajé«, in Palmöl ausgebackene Bohnenküchlein, zubereitet. Ein bekanntes und populäres Gericht in den amerikanischen Südstaaten wird mit Augenbohnen zubereitet: »Black eyed beans« – auch »Black eyed peas«, Rezept Seite 85. Aus Griechenland kommt das Rezept für eine Suppe, siehe Seite 109. In einigen Gegenden der USA werden die Bohnen auch scherzhaft »Cowboy caviar« genannt.

Die **BORLOTTIBOHNE** (große und kleine) ist auch als Saluggiabohne oder »Cranberry bean« bekannt. Die Samen dieser Gartenbohne sind von hellbrauner Farbe mit dunkelbraunen oder -roten Sprenkeln. Beim Kochen verfärbt sie sich dunkelrosa. Besonders geschätzt wird die Borlottibohne in Italien, wo sie ein wichtiger Bestandteil eines »Nationalgerichts« ist: der Minestrone, Rezept Seite 112. Neben Suppen findet sie mit ihrem leicht bitter-süßlichen Geschmack in der Küche auch Verwendung für würzige Eintopfgerichte (hier ist sie ein guter Ersatz für die rote Kidneybohne), für Saucen oder kalt als Salat. Beim Garen wird sie cremig weich und auch püriert schmeckt die Borlottibohne besonders gut (Abb. S. 19).

Die **CANNELLINOBOHNE** (auch Weiße Kidneybohne), eine Varietät der Gartenbohne, stammt ursprünglich aus Argentinien, ist heute aber vor allem aus der italienischen Küche ein Begriff und im Norden des Landes besonders beliebt. Zum Beispiel schätzt man sie im Friaul in »Jota«, einem deftigen Eintopf, Rezept Seite 108. Die mittelgroßen, leicht nierenförmigen, weißen bis cremefarbenen Samen der Cannellinobohne sind von besonders weicher Konsistenz und sollten deshalb vorsichtig gegart werden. Aufgrund ihrer dünnen Schale sind sie gut bekömmlich.

Die **DICKE BOHNE** (auch Große Bohne, Saubohne, Puffbohne, englisch »Broad bean«, »faba bean«) ist keine Bohne, sondern die Frucht einer kräftigen, aufrecht wachsenden, einjährigen Wickenart. Ihr Ursprung liegt vermutlich in Zentral- und Südwestasien (kleinkörnige Typen), als Genzentrum der großkörnigen Typen gelten der Mittelmeerraum und Westeuropa.

Die ältesten Funde kleinkörniger Samen der Dicken Bohne stammen aus einer steinzeitlichen Siedlung in Israel (ca. 6 000 v. Chr.). Schon früh wurde sie auch von den Ägyptern, Griechen und Römern kultiviert und war noch bis ins 16. Jahrhundert hinein – vor der Einführung der Gartenbohne aus Südamerika – die vorherrschende Hülsenfrucht in Europa.
Besonders gut gedeiht die Dicke Bohne in gemäßigten Klimazonen und kühleren, maritimen Regionen. Die Weltproduktion getrockneter Samen lag 2005 bei 4,3 Millionen Tonnen, die Haupterzeugerländer sind heute China (40 %), Äthiopien, Frankreich, Ägypten und Australien.

Borlottibohnen

Dicke Bohnen

Jede der bis 20 Zentimeter langen und bis zwei Zentimeter breiten Hülsen schließt ein bis neun, runde oder ovale, oft unregelmäßig geformte, flache Samen ein, die weißlich, grün, bräunlich, rötlich oder violettschwarz sein können.
Dicke Bohnen sind eine jener Arten, die in großer Menge auch frisch (in unreifem Zustand) in der Küche verwendet werden (siehe Kapitel Hülsengemüse) und – blanchiert und von der etwas bitteren Haut befreit – besonders delikat sind. Getrocknet (mit Samenschale) müssen sie etwa 2 ½ Stunden gegart werden. Bei einer Einweichzeit von acht bis zwölf Stunden reicht eine Garzeit von 1 ½ Stunden (je nach Alter können es auch 2 Stunden sein! Unbedingt probieren). Dicke Bohnen enthalten Glykoside (Vicin, Convicin), Tannine und Lektine und sollten daher nur gekocht oder gebraten, aber niemals roh verzehrt werden. Bei manchen Menschen, besonders des östlichen Mittelmeerraumes, mit einem bestimmten, genetisch bedingten Enzymmangel führt der Genuss von Dicken Bohnen zu einer Erkrankung namens »Favismus« (eine akute Anämie, die unter Umständen tödlich verlaufen kann).

Ungeachtet dieser Gefahr werden frische, rohe Samen von Dicken Bohnen beispielsweise in Italien (Latium) traditionell am 1. Mai mit einem Stück Pecorino-Käse zum Wein gereicht. Frische oder getrocknete Dicke Bohnen sind vielseitig verwendbar und intensiv im Geschmack. Als hoch eiweißhaltiges Gemüse stellen sie einen gewissen Fleischersatz dar. Sie passen zu Suppen, Eintöpfen oder Schmorgerichten, lassen sich aber auch zu Salaten und Püree verarbeiten, wobei sie besonders gut mit Petersilie, Bohnenkraut, Basilikum, Dill und Kerbel harmonieren.

»Ful medames«, eines der Nationalgerichte Ägyptens und oft schon zum Frühstück verzehrt, besteht aus langsam gegarten, kleinsamigen, braunen, runden Puffbohnen und einem Dressing aus Zitronensaft, Knoblauch, Frühlingszwiebeln, Petersilie und Olivenöl. Dazu reicht man Pita-Brot und eventuell hart gekochte Eier.

In Italien kennt man Dicke Bohnen unter anderem »alla pancetta« mit Zwiebeln und Speck oder als »Scafata«, Rezept Seite 146. Außerdem werden die getrockneten Samen industriell für die Gewinnung von Proteinkonzentraten verwendet, Spezialmehle dieser Bohnenart dienen zur Eiweißanreicherung.

Feuerbohnen

Die **FEUERBOHNE** (wegen ihres auffallenden Aussehens auch Prunk-, Schmink-, Türken- oder Käferbohne), ist die Frucht einer krautigen, ein- oder mehrjährigen, sich mehrere Meter hoch windenden Schlingpflanze. Sie stammt ursprünglich aus den subtropischen Höhenlagen Mexikos und Guatemalas, wo sie seit fast 3 000 Jahren kultiviert wird. Ihren Weg nach Europa fand sie im 16. Jahrhundert, zur Nahrungspflanze wurde sie erst im 18. Jahrhundert. Aufgrund ihres geringeren Wärmebedarfs ist sie eher in Nordeuropa – vor allem als Zierpflanze – verbreitet und wird meist nur in Hausgärten angebaut. Die rauen, bis 35 Zentimeter langen Hülsen enthalten drei bis zehn große, nierenförmige Samen, die in Abhängigkeit von der Blütenfarbe weiß, schwarzviolett, schwarz-rot oder beige-braun gesprenkelt oder ganz schwarz gefärbt sind. Die voll ausgereiften Samen – im Handel als »Bunte Riesenbohnen« – können sowohl getrocknet als auch frisch verwendet werden. Auch die jungen Hülsen sind sehr schmackhaft und werden frisch wie Grüne Bohnen zubereitet. Trockensamen der Feuerbohne müssen mehrere Stunden in Wasser eingeweicht werden, die Garzeit beträgt dann 1 bis 1 ½ Stunden, siehe dazu auch das italienische Rezept »Papazoi« auf Seite 117. Eine Spezialität der Steiermark (Österreich) ist der »Käferbohnensalat« mit Kürbiskernöl, Seite 68.

Die **FLAGEOLETBOHNE** ist eine bekannte, sehr edle Gartenbohne mit blassgrünen, flachen, länglichen Samen. Diese lässt man nicht ausreifen (dann wären sie weiß), sondern erntet sie bereits in halbreifem Zustand, wenn Farbe und Geschmack optimal sind. Die Flageoletbohne zeichnet sich durch hervorragende Kocheigenschaften und einen feinen Geschmack aus, weshalb sie in ihrem Heimatland Frankreich auch besonders geschätzt und meist als einzelnes Gemüse serviert wird. Als traditionelle Beilage reicht man sie dort zu gebratener Lammkeule (»Haricots panachés« – Gemischtes Bohnengemüse, Rezept Seite 78). Aufgrund ihrer dünnen Samenschale ist die Flageolet sehr bekömmlich und benötigt nur eine kurze Garzeit (40 Minuten). Auch als Konserve im Handel erhältlich.

Flageoletbohnen

Helmbohnen

GARTENBOHNE (auch Gewöhnliche Bohne, Fisole) ist die bedeutendste Hülsenfrucht der Welt. Für mehr als 300 Millionen Menschen ist eine preiswerte Schale getrockneter Bohnen das Herzstück der täglichen Ernährung, in vielen Ländern gelten Bohnen als das »Fleisch des armen Mannes«. Im Jahr 2005 wurden weltweit 18 Millionen Tonnen Trockenkochbohnen (Speisebohnen) von 25 Millionen Hektar Anbaufläche und weitere sechs Millionen Tonnen Grüne Bohnen geerntet. Lateinamerika, mit den führenden Produzenten Brasilien und Mexiko, bestreitet nahezu die Hälfte der weltweiten Erzeugung von Trockenkochbohnen. Weitere bedeutende Erzeugerländer sind China, die USA, Nigeria und Myanmar (Burma).
Die Gartenbohne (Phaseolus vulgaris) wird seit ca. 7 500 Jahren in Peru und seit ca. 7 000 Jahren in Mexiko kultiviert. Von dort erfolgte die Verbreitung in ganz Amerika und schließlich in die ganze Welt. Im 16. Jahrhundert gelangte sie nach Europa und löste zunächst die bis dahin verbreitet angebaute Augenbohne und später die Dicke Bohne in ihrer Bedeutung als Gemüsepflanze ab.
Nach ihrem Wuchstyp wird die Gartenbohne in zwei Varietäten unterteilt: die Stangenbohne und die Buschbohne. Ursprünglich waren Gartenbohnen Stangenbohnen, die sich drei bis vier Meter an Stützen aller Art empor winden. Später entstand aus der Stangen-

bohne durch Mutation die strauchig wachsende, stärker verzweigte, bis etwa 60 Zentimeter hoch werdende Buschbohne.

Während Gartenbohnen in Mittel- und Nordeuropa, und auch teilweise in Nordafrika, vorwiegend zur Nutzung als Hülsengemüse (Gemüsebohnen) angebaut werden (z.B. Grüne Bohnen mit Seidentofu-Sauce, Rezept Seite 146), lässt man im klimatisch begünstigten Südeuropa und vielen anderen Ländern der Welt die Bohnen ausreifen und erntet die trockenen Bohnensamen. Hierfür kommen sowohl Sorten von Stangen- als auch von Buschbohnen in Frage.

Die geraden oder gebogenen Hülsen der Gartenbohne werden fünf bis 25 Zentimeter lang, ein bis drei Zentimeter breit und können einfarbig grün, gelb, purpur-violett bis schwärzlich gefärbt oder auch mehrfarbig marmoriert sein. Die im Querschnitt flach, oval, rund oder breitrund geformten Hülsen enthalten ein bis neun sehr verschiedenartig gestaltete Samen. Die Mannigfaltigkeit der Samen hinsichtlich Größe, Form und Farbe ist bei den Trockenkochbohnen außerordentlich groß und spielt für die Nutzung (Koch- und Geschmackseigenschaften) in den einzelnen Ländern eine große Rolle. Während in Amerika farbige Samen (braun, schwarz, marmoriert) besonders geschätzt werden, werden in Europa eher Weiße Bohnen bevorzugt. Wichtig ist auch der Samenschalenanteil, der möglichst gering sein sollte, weshalb großsamige Sorten bevorzugt werden. Die außerordentliche Vielfalt im äußeren Erscheinungsbild der Samen hat dazu geführt, dass Sorten mit gleichen Eigenschaften bestimmten Typen zugeordnet werden, denen die Züchter und der Handel teilweise sehr phantasievolle Namen gegeben haben. Dabei kann derselbe Typ in den einzelnen Ländern unterschiedliche Bezeichnungen haben. Die wichtigsten Typen werden in dieser Warenkunde jeweils getrennt vorgestellt. Hauptlieferländer für die bei uns angebotenen Trockenkochbohnen sind China, Kanada, die Türkei und Äthiopien.

Von der **HELMBOHNE** (auch Lablab-Bohne, Faselbohne, »Egyptian bean«, »Hyacinth bean«, Vaal) gibt es drei Unterarten und einige hundert Lokalsorten. Die Urpflanze stammt vermutlich aus Ostafrika, von wo sie schon sehr früh nach Indien gelangt sein muss. Heute ist die sehr trockenheitsresistente Helmbohne weit verbreitet, vor allem in Asien und Afrika, aber auch in Mittel- und Südamerika. Den größten Formenreichtum und die bedeutendsten Anbauländer findet man im asiatischen Raum. Die Helmbohne gilt als wichtiges Volksnahrungsmittel, wird aber auch als Futter- und Gründüngungspflanze verwendet. Die entweder flachen, säbelartig geformten oder zylindrischen, geraden Hülsen sind grün, gelb oder purpurfarben und enthalten in der Regel zwischen drei und sechs (bei manchen Sorten auch mehr) langovale Samen, die weiß, hellbraun, rotbraun, schwarz, auch gefleckt oder marmoriert sein können. Bei allen Sorten weisen die Samen am Nabel einen auffälligen, helmartig vorstehenden Ringwulst auf, woher der Name Helmbohne rührt. Helmbohnensamen werden ganz (ungeschält) oder geschält (über Nacht eingeweicht und gekeimt) und gespalten gehandelt. Die reifen Samen enthalten bei vielen Sorten ein

Blausäureglykosid und toxische Proteine, sie müssen deshalb vor dem Verzehr gekocht werden. Die Blüten können roh oder gekocht, die jungen Blätter wie Spinat zubereitet werden. Die jungen, zarten Hülsen kocht man wie Grüne Bohnen, wobei Helmbohnen im Geschmack insgesamt etwas kräftiger als unsere einheimischen Bohnen sind (Abb. Seite 21 rechts). Reife, getrocknete Samen können nach mehrstündigem Einweichen und ausgiebigem Kochen (mit zweimaligem Wasserwechsel) als Gemüse verzehrt werden. Ähnlich der Sojabohne kann daraus aber auch eine Art Bohnenquark hergestellt werden oder die Samen werden zu Mehl verarbeitet, das in der Küche beim Backen oder Braten zum Einsatz kommt. Das Rezept für eine Helmbohnensauce aus Indien, »Vaal Ni Dal Dakhoo« finden Sie auf Seite 102.

Die **KATJANGBOHNE** (Angolabohne, englisch »Indian cowpea«) hat sich in Indien aus der nahe verwandten Augenbohne entwickelt und wird vor allem in Asien als Hülsenfrucht und Futterpflanze angebaut. Die sieben bis 13 Zentimeter langen Hülsen stehen aufrecht; die Samen sind beige, gelb, rot, braun oder schwarz gefärbt, kleiner als die der Augenbohne und haben einen auffälligen dreieckigen weißen Nabel. Die Japaner bereiten aus den reifen Samen »Zenzai« (süße Bohnensuppe mit Klebereiskuchen) oder »Sekihan« (durch gekochte Samen rot gefärbter, gedämpfter Klebereis). In Indien wird aus den geschälten, gespaltenen Samen ein »D(h)al«, eine Art sämige Suppe oder Püree gekocht.

Die **KIDNEYBOHNE** ist eine Gartenbohne mit mittelgroßen, nierenförmigen Samen, die rosa, dunkelrot oder kastanienbraun, aber auch weiß oder schwarz gefärbt sein können. Sie gilt in ihrer roten Variante als die typische Bohne von »Chili con carne«, Rezept Seite 138 (obwohl dieses Gericht ursprünglich ohne Bohnen zubereitet wurde). Verwendet wird

Kidneybohnen

Limabohnen

sie ferner im Texanischen Bohnenpüree, »Refried beans«, Rezept Seite 99, oder Indischem Bohnencurry »Rajma«, Rezept Seite 153. Aufgrund ihrer Eigenschaft, auch gekocht kaum zu zerfallen, ist die rote Kidneybohne die Konservenbohne schlechthin. Sie wird in Amerika, Afrika und Südostasien angebaut. Kidneybohnen zeichnen sich durch einen hohen Anteil an Ballaststoffen aus. Sie haben eine recht derbe Schale, eine mehlige Konsistenz und einen feinen, relativ süßen Geschmack. Besonders geeignet sind Kidneybohnen für Gerichte mit langer Garzeit, wobei sie den Geschmack der Zutaten rasch annehmen. Hauptsächlich verwendet werden sie in Eintöpfen, Ragouts und Salaten. Hinweis: Von allen Gartenbohnen weisen die rohen Samen der Roten Kidneybohne die höchsten Lektin-Gehalte auf, sollten also sehr sorgfältig vorbereitet und gekocht werden.

Von der **LIMABOHNE** gibt es zwei botanische Varietäten, die vermutlich unabhängig voneinander entstanden sind: die vor etwa 8 500 Jahren in Peru domestizierte, im Wuchs stärkere, großsamige Limabohne (auch Mond-, Duffin-, Birma-, Rangun-, Madagaskar- oder Kap-Bohne genannt) und die vor etwa 1 200 Jahren in Mexiko und Guatemala entstandene, im Wuchs zierlichere, kleinsamige Sievabohne (auch Butterbohne oder Baby-Limabohne genannt). Als Wärme liebende Pflanze ist die Limabohne überall in den Tropen, Subtropen und warm-gemäßigten Regionen anzutreffen. Der Hauptanbau erfolgt in Amerika, vor allem in den USA, Afrika und Asien. Die einjährige oder ausdauernde, buschig oder windend wachsende Pflanze entwickelt bis 15 Zentimeter lange, abgeflachte, mondsichelförmige Hülsen, die zwei bis vier Samen enthalten. Diese sind je nach Sorte bis drei Zentimeter groß, oval bis rundoval, einseitig abgeflacht oder rundlich und radial gerillt. Die Samenfarbe ist überwiegend weiß bis cremefarben, kann aber auch grün, rot, purpurfarben, gelbbraun, braun oder schwarz, auch gefleckt ausfallen.
Vor der Zubereitung ist zu beachten: Die rohen Samen von Wildtypen und einiger, vor allem farbiger Sorten enthalten unterschiedlich hohe Mengen des Blausäureglykosids Phaseolunatin (= Linamarin), das in wässriger Lösung Blausäure abspaltet, die zu Vergiftungen führen kann. Geeignete Vorbeugungsmaßnahmen sind ein eintägiges Einweichen der Samen, das Kochen in offenen Gefäßen und ein zwei- bis dreimaliges Wechseln des Kochwassers. Die modernen, vorwiegend weißen Sorten sind entweder frei von Linamarin oder enthalten nur unbedenkliche Mengen, sodass normales Kochen genügt.
Die Garzeit beträgt rund 1 ½ Stunden. Aufgrund ihres hohen Stärkegehalts sind Limabohnen relativ mehlig, bei zu langer Garzeit können sie schnell zu Brei verkochen. Sie haben einen zwar ausgeprägten, aber auch sehr feinen Geschmack und eignen sich deshalb besonders gut für nicht so kräftige Gerichte, bei denen Bohnen mit einem prägnanteren Eigengeschmack die anderen Zutaten bzw. Aromen überdecken würden. Zusammen mit Zuckermais bereitet man aus Limabohnen das amerikanische Gericht »Succotash«, Rezept Seite 119, das aus der Küche der Indios stammt. In pürierter Form sind Limabohnen eine interessante und schmackhafte Alternative zu Kartoffelpüree. Sie sind auch als Konserve erhältlich.

Die **MATTENBOHNE** (auch Motten- oder Mückenbohne) ist auf dem indischen Subkontinent beheimatet und sehr trockenresistent. Sie wird nur 30 Zentimeter hoch und bildet vom Haupttrieb ausgehend bis 1,5 Meter lange Seitentriebe, die den Boden wie eine Matte, daher der Name, bedecken. Die nahezu zylindrischen, borstig behaarten, bis fünf Zentimeter langen Hülsen enthalten sehr kleine, rechteckige, hell- bis rötlichbraune Samen. In Indien werden sie ganz oder gespalten gekocht und ergeben – in etwas Öl gebraten und verschiedenartig gewürzt – die Basis für »D(h)al Moth«. Ein gesalzener, wie gebrochene Makkaroni aussehender Snack wird »Bhujia« genannt. Ihr Aroma ist etwas nussiger als das der Mungbohne. Ungeschälte Samen sollten mindestens acht Stunden eingeweicht und dann in frischem Wasser mindestens 15 Minuten gekocht werden. Häufige Verwendung auch als Keimsprossen. Mottenbohnen enthalten viele Vitamine und Mineralstoffe. Sie sind bei uns leider nur selten erhältlich.

Mattenbohnen

Mungbohnen

Die **MUNGBOHNE** (auch Mungo-, Jerusalem- oder Lunjabohne, Moong Dal, Green Gram, Katjang idjoe), die Frucht einer krautigen Pflanze, hat relativ kleine Samen und davon sechs bis 20 pro Hülse. Am bekanntesten sind die olivgrünen Mungbohnen, die Farbe kann aber auch goldgelb oder braunschwarz sein. Unter den zahlreichen Sorten gibt es viele, die ungewöhnlich schnell reifen (60 bis 90 Tage). Heimat der Mungbohne ist der indische Subkontinent, die Hauptanbauländer sind Indien, Myanmar (Burma), Thailand und Indonesien. Weitere wichtige Produzenten sind auch Pakistan, China, Australien und die USA. In den traditionellen Küchen Asiens ist sie seit Langem ein wichtiger »Rohstoff« (vor allem in Indien und Pakistan) und wird als ganzer, geschälter oder gespaltener Samen gehandelt. In China, Japan, Nordamerika und Europa werden Mungbohnen hauptsächlich zum Keimen genutzt und die Sprossen bei uns fälschlicherweise als »Sojabohnensprossen« angeboten. Sie können jedoch in vielen Rezepten andere Hülsenfrüchte vollwertig ersetzen oder mit ihnen kombiniert werden. Mungbohnen haben ein gutes Aroma und einen hohen Vitamingehalt. Sie kochen sehr zart, behalten lange ihre Form, nehmen gut Aromen an und sind mild im Geschmack. Vor allem sind sie besonders bekömmlich und verursachen im Gegensatz zu vielen anderen Bohnenarten keine Blähungen.

In Fernost werden Mungbohnen zu Püree oder Mehl für Nudeln verarbeitet, in Indien sind sie Bestandteil von D(h)al-Gerichten. Vielseitig eingesetzt werden in den asiatischen Küchen vor allem auch die Keimsprossen: in Salaten, zum Beispiel »Tahu goreng kacang« (ein Rezept aus Indonesien, Seite 72) oder im chinesischen »Chop Suey«. Koreanische Bratlinge (Frikadellen) »Kong Na Mull Chon«, Rezept Seite 57, werden ebenso aus Mungbohnen zubereitet wie zum Beispiel der chinesische Mondkuchen. In Vor- und Zubereitung sind die Mungbohnen vergleichsweise genügsam: Einweichen ist nicht unbedingt erforderlich und die Garzeit beträgt bei eingeweichten Bohnen nur 45 Minuten bzw. bei nicht eingeweichten eine Stunde.

Die **PINTOBOHNE** (von spanisch »pinto« = gemalt) gehört zu den Gartenbohnen und ist mit 40 Prozent Marktanteil die bedeutendste Trockenkochbohne in Nordamerika. Sie ist etwas kleiner als die Kidneybohne und rechteckig-oval geformt. Die sandfarbenen Samen haben unregelmäßig braune Flecken und Streifen, die beim Kochen verschwinden und die Bohnen dann braunrosa erscheinen lassen. Die Ansichten darüber, ob Pintobohnen mit Wachtelbohnen identisch sind, gehen auseinander, sie sind sich jedenfalls sehr ähnlich. Pintobohnen haben eine mehlige Konsistenz und einen vollmundigen, erdigen Geschmack. In den amerikanischen Südstaaten (Rezept »Refried beans« aus Texas, Seite 99) und Nordmexiko werden sie gerne ganz oder püriert zusammen mit Hackfleisch und weiteren Zutaten zum Füllen von Tortillas, »Burritos« genannt, verwendet. Bei uns angebotene Pintobohnen kommen meist aus China.

Die **REISBOHNE** (abgeleitet von engl. »Rice bean«) stammt aus Südostasien und wird vor allem dort und im pazifischen Raum kultiviert, ist in Europa aber kaum bekannt. Es handelt sich um eine schnellwüchsige, kurzlebige, einjährige Pflanze. So können junge Hülsen mit unreifen Samen schon 40 bis 60 Tage nach der Aussaat geerntet werden, die ausgereiften Samen nach zwei bis vier Monaten. Sie sind gelb, rotbraun oder schwarz, reiskornähnlich geformt mit vorstehendem, weißem Nabel. Die Hauptverwendung in der Küche erfolgt als Trockenkochbohne. Reisbohnen werden als wohlschmeckende Beilage zu oder anstelle von Reis (Risotto), in Eintöpfen oder Suppen verwendet. Das Samenmehl dient zur Herstellung von Reisnudeln und Süßigkeiten.

Auch die **SCHWARZE BOHNE** (Black turtle bean; Frijol negro, Feijão preto, Abb. Seite 27) zählt zu den Gartenbohnen. Die Samen sind acht bis zehn Millimeter groß, leicht nierenförmig und, wie ihr Name schon sagt, matt oder glänzend blauschwarz gefärbt. Sie haben einen dreieckigen, weißen Nabel. In der Karibik, Mittel- und Südamerika ist die Schwarze

Bohne traditionell ein Grundnahrungsmittel, außerhalb der Region aber nur selten anzutreffen. Sie ist weich, ihr Geschmack zart und würzig-süß, ein wenig an Champignons erinnernd. Zur Verfeinerung eignen sich Chili, Ingwer, Kreuzkümmel, Gewürznelken, Knoblauch und Tomaten.

Schwarze Bohnen werden in Suppen, Salaten und für die Schwarze Bohnencreme (»Frijoles negros batidos«, Rezept Seite 96) verwendet. Sie sind traditionelle Beilage im Südwesten der USA, z. B. als »Santa Fe black beans«, Rezept Seite 86, oder dienen in Mexiko als »Frijoles de la olla« – Bohnen aus dem Tontopf, Rezept Seite 89, als Grundlage für viele weitere Rezepte. Gebratene Schwarze Bohnen sind eine Nationalspeise in mehreren südamerikanischen Staaten und auch im brasilianischen Nationalgericht »Feijoada completa«, Rezept Seite 136, sind sie enthalten. Schwarze Bohnen verlieren beim Kochen übrigens einen Teil ihrer Farbe und werden dann dunkelviolett. Importe kommen heute meist aus China oder Thailand.

Schwarze Bohnen

Die **SPARGELBOHNE** (auch Langbohne, englisch »Yardlong bean«) ist wie die Katjangbohne eng mit der Augenbohne verwandt und hat sich vermutlich in China entwickelt. Sie trägt den lateinischen Artnamen »sesquipedalis«, was so viel bedeutet wie »eineinhalb Fuß lang« und auf die außergewöhnliche Länge ihrer Hülsen (30 bis über 90 Zentimeter) anspielt. Darin eingebettet sind zehn bis 30 längliche Samen von cremefarbener, brauner oder schwarzer Färbung. Die Spargelbohne ist eine einjährige, starkwüchsige Kletterpflanze, die sich entgegen dem Uhrzeigersinn windet. Großer Beliebtheit erfreut sich die Spargelbohne in Südostasien, in Afrika und in der Karibik. Hauptlieferanten für den deutschen Markt mit den besten Qualitäten sind Thailand und die Dominikanische Republik. Bei der Spargelbohne handelt es sich um eine der wenigen Bohnenarten, die auch roh verzehrt werden kann. Obwohl auch Trockensamen geerntet werden, wird sie vorwiegend als Hülsengemüse verwendet. Sie wird sehr schnell gar, schmeckt süßer und erdiger als unsere Grünen Bohnen und eignet sich auch für die Herstellung von Bohnensalaten (»Urap«, indonesischer Bohnensalat, siehe Seite 73). In den Tropen sind Spargelbohnen auch – solo oder als Bestandteil von Mischgemüsen – eine beliebte Beilage zu Fleisch-, Fisch- und regionalen Gerichten.

Die **URDBOHNE** (englisch »Black Gram«) ist die Frucht einer einjährigen, aufrecht wachsenden oder kriechenden Pflanze, die ein trockenes tropisches Klima braucht und in Indien – von der dort heimischen Wildform abstammend – schon seit Jahrtausenden kultiviert wird. Weitere traditionelle Anbauländer sind Myanmar (Burma), Pakistan, Bangladesch, Afghanistan, Thailand und auch in anderen Tropenländern der Welt wurde sie eingeführt. In den aufrecht stehenden Hülsen sitzen vier bis zehn rechteckige, abgerundete Samen, die bei den meisten Sorten relativ groß und mattschwarz gefärbt sind. Es gibt aber auch graue, braune oder grüne, kleinsamige Sorten und solche mit glänzenden Samen. Die jungen grünen Hülsen und die Blätter werden als Gemüse gekocht, weit häufiger ist in der Küche aber die Verwendung getrockneter Samen, die übrigens sehr bekömmlich sind. Bei eingeweichten Urdbohnen beträgt die Garzeit rund 1 ½ Stunden. Schwarze Urdbohnen mit ihrem intensiven Eigengeschmack sind unter anderem in den bekannten asiatischen schwarzen Saucen enthalten, ebenso in Suppen oder Breien, in (vegetarischen) Curries wie z. B. »Maha Ki Dal«, Rezept Seite 154. In Indien werden sie unter anderem halbiert und gegart zu Reis serviert. Aber auch gemischt mit Linsen und anderen Bohnen zu einem würzigen Püree oder mit Reis zu »Idli« (Gedämpfte Reisküchlein) u. a. mehr werden sie verarbeitet. Mehl aus geschälten Urdbohnen dient zur Herstellung von Gebäck (z. B. den indischen gewürzten Brotfladen »Papads« oder »Pappadams«). Japan importiert Urdbohnen zur Gewinnung von Keimsprossen.

Die **WACHTELBOHNE** ist eine Gartenbohne und hat Ähnlichkeit mit der Borlottibohne, ihre Samen sind allerdings meist beige gefärbt und rötlich, hellbraun oder braun gesprenkelt und erinnern – daher der Name – an Wachteleier. Es gibt aber auch Sorten mit roter oder dunkelblauer Färbung und beige-brauner Sprenkelung. In Italien ist sie als »Fagiolo romano«

Urdbohnen   *Wachtelbohnen*   *Weiße Bohnen*

(Römische Bohne) ein Begriff. Die mittelgroßen Wachtelbohnen kochen relativ weich, aber fester als beispielsweise Weiße Bohnen, und haben einen milden Geschmack. Beim Garen verlieren sie ihre Sprenkel und nehmen den Geschmack anderer Zutaten an. Damit sind sie eine gute Alternative zu Kidney- oder Borlottibohnen. »Frijoles maneados«, ein Rezept aus

Mexiko, verwendet Wachtelbohnen, Seite 94. In Arizona liebt man die Wachtelbohnen mit geriebenem Käse im Ofen überbacken. Gut »vertragen« sich Wachtelbohnen (Abb. S. 28) mit Gewürzen wie Thymian oder Knoblauch sowie Zitronensaft.

Die **WEISSE BOHNE** ist die bevorzugte Trockenkochbohne in Europa. Unter diesem Sammelbegriff werden alle weißen bis cremefarbenen Samen der Gartenbohne zusammengefasst. Dabei reicht das Spektrum von der kleinen, ovalen Perlbohne (»Navy bean«, Coco blanc, Rezept »Weiße Bohnen, Bretagne Art«, Seite 77) über die längliche Cannellino (Bohnensalat aus Süditalien, Rezept Seite 61), die Lingot und die mittelgroße »Creat Northern« (Bohnensalat mit geräuchertem Lachs, ein Rezept aus Oregon, Seite 62) bis zur großen, flachen Soissons. Die relativ viel Stärke enthaltenden, mehlig kochenden Bohnen finden in der Küche bevorzugt für Schmor- und Eintopfgerichte Verwendung. So sind sie Bestandteil des Eintopf-Klassikers »Cassoulet« aus Frankreich, Rezept Seite 128, der berühmten »La Ribollita« aus der Toscana, Rezept Seite 113, oder des türkischen Nationalgerichts »Etli Kuru Fasulye«. In Deutschland wird mit Weißen Bohnen das »Westfälische Blindhuhn«, Rezept Seite 111, zubereitet und in Schweden werden sie süß als »Bruna Bönor«, Rezept Seite 85, serviert.

Sojabohnen

Allgemeines

Die Sojabohne nimmt in mehrfacher Hinsicht eine Sonderstellung unter den Hülsenfrüchten ein. Zum einen enthält sie wesentlich mehr Fett als ihre Artgenossen (bei gleichzeitig sehr hohem Eiweißgehalt), zum anderen werden aus ihr zahlreiche »Veredelungsprodukte« hergestellt. Ihr Ursprung wird in Nordostchina, in der Mandschurei, vermutet, wo sie vor ca. 3100 Jahren in Kultur genommen wurde. Von dort erfolgte bald die Verbreitung in Korea, Japan, Indonesien und andere Länder Ostasiens. Erst im 18. Jahrhundert gelangte die Sojabohne nach Europa und wenig später auch nach Amerika, wo sie rund 150 Jahre lang vorwiegend als Futterpflanze angebaut wurde. Ihr Aufstieg als Körnerleguminose begann erst in den 1920er-Jahren und beschleunigte sich nach dem Zweiten Weltkrieg. Seit 1950 hat sich die Produktion weltweit verdreizehnfacht. So ist die Sojabohne aufgrund ihrer besonderen Qualitäten und ihrer vielfältigen Verarbeitungs- bzw. Einsatzmöglichkeiten heute nicht nur die wichtigste Eiweiß- und Ölpflanze unter den Leguminosen, sondern zählt mit einer Jahresmenge von über 214 Millionen Tonnen (bei rund 93 Millionen Hektar Anbaufläche) auch zu den bedeutendsten Weltwirtschaftspflanzen.

95 Prozent der Weltproduktion wird von nur sieben Ländern erzeugt: den USA, Brasilien, Argentinien, China, Indien, Paraguay und Kanada. Brasilien, Argentinien und die USA sind auch die drei größten Exportländer, China ist mit Abstand der größte Importeur, gefolgt von Indien, den Niederlanden, Iran, Mexiko, Japan und Deutschland.

Die ursprünglich subtropische, einjährige Pflanze, von der einige tausend Sorten und Landrassen existieren, ist heute an die unterschiedlichsten klimatischen Bedingungen angepasst. Sie wird 50 bis 100 Zentimeter hoch, wächst buschig und trägt drei bis acht Zentimeter große, gerade oder gebogene, stark behaarte Hülsen. Diese enthalten bis zu fünf runde oder abgeflachte Samen von fünf bis zwölf Millimeter Durchmesser. Ihre Farbe ist meist strohgelb oder gelb, doch gibt es auch Sorten mit grünen, roten, braunen, schwarzen oder gefleckten bzw. marmorierten Samen.

Je nach Sorte und Standort können die Hülsen nach 80 bis 200 Tagen geerntet werden. Auf 14 Prozent Kornfeuchte zurückgetrocknet, sind die ausgereiften Samen – an einem kühlen, trockenen Platz aufbewahrt – fast unbegrenzt haltbar. Getrocknete Sojabohnen werden aus aller Welt importiert und sind ganzjährig erhältlich. Frische Hülsen mit grünreifen Samen, die als Gemüse gegessen werden, sind dagegen bei uns kein Handelsartikel.

Inhaltsstoffe

In vielen so genannten Entwicklungsländern stellt die Sojabohne die Versorgung der Menschen mit den Grundnährstoffen sicher. Auffallend ist bei Sojabohnen im Vergleich zu anderen Hülsenfrüchten der außergewöhnlich hohe Gehalt an Energie, Eiweiß, Fett, Mineral- und Ballaststoffen (siehe dazu auch Übersicht im Kapitel »Keine leeren Hülsen«, Seite 8). 250 g gegarte Sojabohnen enthalten beispielsweise soviel Eiweiß wie 125 g Fleisch, Geflügel oder Fisch (gegart). Durch seinen hohen Anteil an essentiellen Aminosäuren kann das Soja-Eiweiß als vollwertig bezeichnet werden. Von besonderer Güte ist auch das in den Sojabohnen enthaltene Fett: dieses enthält bis zu 85 % ungesättigte Fettsäuren, kein Cholesterin und ist lezithinhaltig. Sojabohnen und ihre Produkte sind deshalb auch gut für Vegetarier und Diabetiker geeignet. Sie sind ferner eine gute Quelle für Vitamin E und B-Vitamine. Die reifen Samen enthalten im Rohzustand schädliche Stoffe (Lektine, Saponine, goitrogene Verbindungen, Proteasehemmer), sind schwer verdaulich und schmecken unangenehm. Sie benötigen deshalb eine entsprechend lange Einweich- und Kochzeit.

Verarbeitung und weitere Produkte

Die Sojabohne wird in erster Linie als Trockenbohne verwendet, jedoch werden beispielsweise in Ostasien auch die unreifen frischen Samen wie frische Erbsen, gekocht oder gedämpft, gegessen (Edamame, als TK-Ware erhältlich). Über Nacht vorgeweichte, getrocknete Sojabohnen müssen mindestens eine Stunde gekocht werden, bei manchen Sorten ist die Garzeit auch länger. Sojabohnen passen zu vielen Gerichten, zum Beispiel schmecken sie in Suppen oder Eintöpfen. Sehr viel schneller als ganze Bohnen garen gemahlene Sojatrockenbohnen. Vielen Speisen (Suppen, Eintöpfen, Saucen, Gebäck, Brot) geben sie einen pikanten Geschmack. Die im Handel als »Sojabohnensprossen« angebotenen Sprossen stammen übrigens nicht von der Sojabohne, sondern von der Mungbohne.

Gelbe Sojabohnen

Mungbohnensprossen, im Handel als »Sojabohnensprossen« bezeichnet

Die Sojabohne ist Grundlage für viele weitere, unfermentierte oder fermentierte, Produkte: Zu ersteren zählt die Sojamilch, die aus zerkleinerten Sojabohnen hergestellt wird. Für Menschen mit Kuhmilch-Allergie kann sie ein wertvoller Ersatz sein. Diese Milch hat zwar einen wesentlich strengeren Geschmack (der Grad ist abhängig von der Herstellungsmethode) als Kuhmilch, kann aber wie diese verwendet werden. Außerdem bildet Sojamilch die Grundlage für weitere Sojaprodukte.

Eines davon ist der Tofu, so der japanische Name für Sojamilchquark (chinesisch »Doufu«). Im Handel wird Tofu meist in Blöcken angeboten, entweder naturbelassen, geräuchert oder mit Kräutern. Da er relativ wenig Eigengeschmack besitzt, kann er gut mit anderen Zutaten kombiniert und in der Küche von der Suppe über das Hauptgericht bis zum Dessert eingesetzt werden. Kombiniert mit Bohnensprossen (siehe »Taukwa dan taugeh«, Rezept Seite 57) ergibt er eine leichte Mahlzeit. Dünnflüssig püriert kann Tofu anstelle von saurer Sahne, Jogurt, Schichtkäse, Ricotta oder anderen Frischkäsen verwendet werden. Auch zahlreiche Fertigprodukte wie Kroketten, Burger oder Hotdogs werden daraus hergestellt. Sie sind zwar teurer als die entsprechenden Fleischprodukte, ihr wesentlich höherer Nährwert wiegt diesen Nachteil aber wieder auf.

Ein Nebenprodukt bei der Herstellung von Sojamilch ist das nach dem Auspressen zurückbleibende, entwässerte Samenmehl, Okara genannt. In verschiedenen Lebensmitteln wie Brot und Gebäck, die dadurch lockerer werden, dient es zum Anreichern. Als beliebte Zutat findet man es auch in Müslis, Hamburgern, Frittierteigen, Eintöpfen und Diätlebensmitteln. Es lässt sich genauso aber auch zum Panieren oder zum Andicken von Saucen und Suppen verwenden.

Einen kräftigen Eigengeschmack besitzt im Gegensatz zum Tofu ein anderes Sojabohnen-Produkt: Tempeh. Dabei handelt es sich um ein rund 300 Jahre altes indonesisches Volksnahrungsmittel aus mit einem Edelpilz fermentierten Sojabohnen. Tempeh kann auch aus verschiedenen Getreidearten oder anderen Hülsenfrüchten (Erdnüsse, Kidneybohnen) hergestellt werden. Der äußerst nahrhafte Soja-Tempeh ist mit einer feinen weißlichen Schicht überzogen und erinnert im Aroma an Pilze. Er kann in vielen Gerichten den Tofu ersetzen, ist aber aufgrund seines strengen Geschmacks nicht überall so beliebt. Tempeh ist unter anderem geeignet für Füllungen, Eintöpfe, als Belag für Sandwiches und in Salaten, z. B. »Tahu goreng kacang«, Rezept Seite 72.

Durch Pressen der Sojabohnen oder Extraktion wird das einfache Sojaöl gewonnen, das anschließend zu Brat-, Back- oder Streichfetten, Mayonnaise, Salatöl und Dressings verarbeitet wird. Sojaöl enthält vor allem die essentiellen Fettsäuren Linolsäure und Linolensäure. Als Abfallprodukt bei der Ölgewinnung fällt Lezithin an, das in der Lebensmittelindustrie als Emulgator verwendet wird. Sojabohnen werden weiter zu Sojamehl vermahlen, das in vielen Lebensmitteln enthalten ist. Ein weiteres fermentiertes Produkt ist Miso, eine Sojabohnenpaste, die als Grundlage für Suppen und Saucen dient. Industrielle Bedeutung haben Sojabohnen schließlich für die Herstellung von »texturiertem« Eiweiß.

Erbsen

Allgemeines

Die Erbse (Pisum sativum) gehört zu den ältesten Kulturpflanzen der Menschheit und stammt von einer oder mehreren Wildarten ab. Sie hat ihren Ursprung im Nahen Osten, wo sie bereits vor rund 9 000 Jahren in Kultur genommen und zusammen mit Weizen und Gerste als Grundnahrungsmittel genutzt wurde. Von dort erfolgte die Verbreitung über den östlichen Mittelmeerraum nach Europa, Nordafrika, Mittelasien und Indien. Die ältesten Funde in Deutschland stammen aus der Bandkeramik und sind etwa 6 500 Jahre alt. Die Kräuterbücher des 16. Jahrhunderts beschreiben »kleine Felderbsen« und »große Gartenerbsen« und am Hofe von Ludwig XIV. waren Erbsen, die mit der Hülse (Zuckererbsen) gegessen werden konnten, eine teure und beliebte Delikatesse. Mit den europäischen Siedlern gelangte die Erbse schließlich nach Amerika. Lange Zeit wurden Erbsen nur als

Trockenerbsen genutzt und erst die modernen Konservierungstechniken im 19. (Konserven) und 20. Jahrhundert (Tiefkühlung) ermöglichten den Konsum von Frischerbsen. Über 1000 Sorten von Erbsen werden heute überall in den gemäßigten Breiten sowie als Winterfrucht in den Subtropen und tropischen Höhenlagen angebaut. Trockenerbsen gehören zu den wichtigsten Hülsenfrüchten der Welt und stehen hinsichtlich der Produktionsmenge an zweiter Stelle nach den Bohnen. Die Weltproduktion betrug 2005 mehr als elf Millionen Tonnen, die auf einer Fläche von rund 6,6 Millionen Hektar erzeugt wurden. Größter Erzeuger ist Kanada, gefolgt von Frankreich, der Russischen Föderation und China. Diese vier Länder zusammen bestreiten rund 60 Prozent der Welternte. Weitere bedeutende Anbauländer sind Indien, die USA, die Ukraine, Australien und Deutschland. Neben

Gartenerbsen

Gelbe Erbsen, halbiert

Trockenerbsen werden noch 8,5 Millionen Tonnen Frischerbsen erzeugt mit Indien, China und den USA als Hauptproduzenten.

Neben der Gartenerbse, der eigentlichen »Erbse«, sollen nachstehend auch die ebenfalls zu den Wickenartigen gehörende Kichererbse (Cicer arietinum) und die Saatplatterbse (Lathyrus sativus) vorgestellt werden. Auch die Straucherbse (Cajanus cajan), obwohl botanisch zu den Bohnenartigen gehörend, wird aufgrund ihres Namens in diesem Kapitel beschrieben.

Die wichtigsten Erbsenarten und Sortentypen

Die **GARTENERBSE** (auch Pflückerbse, Gemüseerbse) ist eine einjährige, krautige, entweder niederliegend kriechende oder mit Hilfe von Wickelranken an Stützen bis zwei Meter hoch kletternde Pflanze. Aus den traubigen Blütenständen entwickeln sich drei bis zwölf Zentimeter lange, gerade oder leicht gekrümmte, runde oder abgeflachte, spitze oder abgestumpfte, glatte oder raue Hülsen, die sich bei der Reife gelb, bräunlich oder selten schwarz färben. Sie enthalten drei bis zwölf, runde und glatte oder runzelige, bis zehn Millimeter große Samen, die meist grün, aber auch weißlich, grau, gelb oder braun gefärbt sein können. Die Farbe sagt allerdings nichts über die Qualität aus, vielmehr entscheidet der Stärkegehalt über die Korneigenschaften: sehr große Erbsen enthalten nämlich im Verhältnis zum Schalenanteil mehr Stärke und werden beim Kochen mehlig.

Auf den Markt kommen Erbsen: frisch (in der Hülse), getrocknet, tiefgekühlt oder als Nasskonserven. Letztere werden in fünf Sortierungen (nach der Korngröße) angeboten: junge Erbsen extra fein (bis 7,5 Millimeter), sehr fein, fein, mittelfein und Gemüseerbsen (über 10,2 Millimeter).

Bekannte Sortengruppen der Gartenerbse (alle nachfolgend beschrieben) sind die Markerbse, die Schalerbse, die Zuckererbse (Kaiserschote, Kefe) und die Knackerbse.

Die **KICHERERBSE** (auch Spanische Erbse, Kicherling, Bengal gram oder Garbanzo) ist wahrscheinlich im Nahen Osten beheimatet und wurde vermutlich schon vor 8 500 Jahren im Gebiet des Fruchtbaren Halbmondes in Kultur genommen. Schon früh verbreitete sie sich östlich nach Afghanistan und Indien sowie nach Westen in den Mittelmeerraum, wo sie sich bereits in der Antike bei Griechen, Römern und Ägyptern großer Beliebtheit erfreute. Heute ist sie weltweit verbreitet, vor allem in Ländern mit mediterranem oder subtropischem Klima. Die Weltproduktion an getrockneten Kichererbsen beläuft sich auf über acht Millionen Tonnen (2005), wovon allein zwei Drittel auf Indien entfallen, mit großem Abstand gefolgt von Pakistan, der Türkei, Iran, Äthiopien, Myanmar (Burma), Mexiko und Australien.

Kichererbsen, Desi-Typ   *Kichererbsen, ungeschält, Kabuli-Typ*

An der buschig aufrecht wachsenden, einjährigen Pflanze entwickeln sich zwei bis drei Zentimeter lange, aufgeblähte, hellgrüne Hülsen, die ein bis zwei, selten drei, meist rundliche, bis zwölf Millimeter große Samen enthalten. Von den zahlreichen Sorten werden zwei Haupttypen unterschieden: der Desi-Typ vom indischen Subkontinent mit kleinen,

eckigen, dunkelhäutigen Samen und der im Mittelmeerraum verbreitete Kabuli-Typ mit großen, mehr abgerundeten, weißen bis beigefarbenen Samen. Kichererbsen werden als ganze, ungeschälte oder geschälte und gespaltene Trockenerbsen sowie gekocht als Konserve angeboten. Sie haben gegart einen nussigen Geschmack und eine knackige Konsistenz. Eingeweicht (zwölf bis 16 Stunden) beträgt die Garzeit von getrockneten Kichererbsen ein bis zwei Stunden. Die Kichererbse ist neben der Gartenbohne eine der vielseitigsten Hülsenfrüchte, die ein Mahl von Suppe und Vorspeise bis zum Hauptgericht und Dessert begleiten kann. Zur Verfeinerung sind Gewürze wie Curry, Koriander, Kreuzkümmel, Minze, Knoblauch, Kurkuma, aber auch Zitrone oder Sesam zu empfehlen.
Eine wichtige Zutat sind Kichererbsen in vielen südländischen Traditionsgerichten wie »Garbanzos a vinagreta«, Rezept Seite 71 oder »Salada de grão-de-bico com bacalhau« – Kichererbsensalat mit Klippfisch, Seite 70 und »Puchero«, Rezept Seite 132 oder dem nordafrikanischen »Couscous«, Rezept Seite 130. Eine besonders große Rolle spielen sie in

Kichererbsen, gekeimt *Toor Dal (Straucherbsen)*

der indischen Küche, wo daraus »Besan« hergestellt wird – siehe dazu Rezepte auf Seite 156 »Chandan Pak« und Seite 158 »Besan Laddu«. Im Nahen und Mittleren Osten ist »Hummus«, ein Püree aus Kichererbsen, Rezept Seite 100, sehr beliebt, in Israel und vielen arabischen Ländern werden gerne »Falafel«-Bällchen, Rezept Seite 56, als Vorspeise gereicht.

Die **KNACKERBSE** (Zucker-Brecherbse, Pois croquant, englisch »Snap pea«) ist erst in den 1960er-Jahren in den USA aus der Kreuzung einer Zuckererbse mit einer dickwandigen Gartenerbse entstanden. Wie die Zuckererbse süß im Geschmack und ohne Pergamentschicht, hat sie dunkelgrüne, fleischig verdickte Hülsen, die sich wie eine Bohne knackend brechen lassen. Sie schmeckt mit voll entwickelter, runder Hülse am besten und kann mit oder ohne Hülse, roh (zum Naschen oder Dippen) oder kurz gekocht verwendet werden. Während die ersten Sorten noch fädig waren, sind einige neuere Sorten fadenlos.

Die **MARKERBSE** ist die bei uns vorwiegend angebaute Erbse für die Verarbeitungsindustrie. Markerbsen haben überwiegend geschrumpfte, runzelige Samen, die oft größer und dunkler sind als Schalerbsen, eine zartere Konsistenz aufweisen und aufgrund des höheren Zuckergehaltes (sechs bis neun Prozent) süßer schmecken. Sie können nur im unreifen Zustand verarbeitet werden, da die ausgereiften, trockenen Samen auch durch langes Kochen nicht weich werden. Angeboten werden sie meist in Form von Konserven und insbesondere tiefgekühlt, wofür sie sich erstklassig eignen. Markerbsen haben nämlich die besondere Eigenschaft, beim Einfrieren Aroma, Nährstoffe und Form zu bewahren. Es empfiehlt sich aber auch noch aus einem anderen Grund, auf diese Produkte zurückzugreifen: frische, nicht ausgelöste Markerbsen erfordern großen Arbeitsaufwand, weil das Auslösen der Samen sehr mühsam ist. Tarteletts mit Erbsenfüllung sind eine kleine feine Vorspeise, Rezept Seite 49.

Die **SAATPLATTERBSE** (auch Graserbse, Deutsche Kichererbse, Khesari) ist ein einjähriges Kraut, das vor allem in Pakistan, Indien, Bangladesch und Äthiopien wirtschaftliche Bedeutung hat. Die eiweiß- und stärkereichen Samen isst man unreif wie grüne Erbsen, aus ausgereiften, trockenen Samen kocht man Suppe oder vermahlt sie zu Mehl und bäckt daraus Brot und eine Art Pfannkuchen. Saatplatterbsen werden hauptsächlich von den ärmeren Bevölkerungsschichten anstelle der teureren Strauch- oder Kichererbsen konsumiert. Der Genuss über längere Zeit verursacht allerdings Lathyrismus (Lähmungserscheinungen der Beine). Neue, toxinarme Sorten sollen dies künftig verhindern.

Die **SCHALERBSE** (auch Pal-, Kneifel-, Brockel-, Roller-, Auskern-, Glatte Erbse) ist die typische, zum Kochen geeignete Trockenspeiseerbse. Sie hat ausgereift in der Regel glatte, runde, grüne oder gelbe Samenkörner, die aufgrund des höheren Stärkegehalts mehliger sind und weniger Zucker (vier bis sechs Prozent) als die Markerbse enthalten. Eindeutig unterscheiden lassen sich Mark- und Schalerbsen nur durch eine mikroskopische Untersuchung des Stärkekorns, im Geschmack zeigen sich aber die Unterschiede. Trockenerbsen werden ganz (kleine Erbsen bevorzugen) und ungeschält oder als Schälerbsen (geschält, ohne die unverdauliche zellulosehaltige Schale) sowie geschält und gespalten (halbe Trockenerbsen) angeboten. Ganze, eingeweichte Trockenerbsen müssen etwa eine Stunde bei mäßiger Hitze gegart werden. Frische Schal- oder Markerbsen sind nach zehn bis 15 Minuten gar (abhängig von der Größe), siehe »Risi e bisi«, Seite 143. Ganze und halbe Trockenerbsen kommen häufig in Suppen oder Eintopfgerichte, sie werden aber auch gerne als Beilage serviert, z. B. »Chicharos majoreros«, Erbsenpüree, Rezept Seite 98.

Die **STRAUCHERBSE** (auch Taubenerbse, Kongoerbse, Gandul oder englisch »Yellow Dal«) ist die Frucht eines ein- oder mehrjährig angebauten, bis vier Meter hohen Strauches. Die Samen sind erbsengroß, rund bis oval, weiß, grau, gelb, rotbraun oder schwarz gefärbt, oft gefleckt und sitzen in einer bis zehn Zentimeter langen, mit schrägen Einschnürungen versehenen Hülse (Abb. Seite 35). Das Ursprungsland Indien, wo mehr als 100 Sorten existieren sollen, erzeugt 85 Prozent der Weltproduktion von 3,5 Millionen Tonnen (2005), gefolgt von Myanmar (Burma), Kenia und Malawi. Die Samen werden ca. drei bis vier Stunden eingeweicht und danach circa 45 bis 60 Minuten gegart. Verträglicher sind Samen ohne Samenhaut, geschält und gespalten; so schätzt man sie besonders in Indien, als Füllung der würzigen Teigtaschen namens »Samosas« oder als »Toor Dal«, Straucherbsenbällchen mit Jogurtsauce, Rezept Seite 58. Straucherbsen finden aber auch in Curries, Suppen wie der »Sopa de gandules«, einer Spezialität aus der Karibik, Rezept Seite 105 und in Eintopfgerichten Verwendung und bilden die Grundlage für viele karibische Reisgerichte. Man vermahlt die Samen schließlich auch zu Mehl, aus dem unter anderem süße Kuchen gebacken werden.

Die ZUCKERERBSE (auch Kaiserschote, Zuckerschote, Kefe, Kiefelerbse, englisch »Snow pea«) wurde vermutlich im 16. Jahrhundert in den Niederlanden gezüchtet und ist heute eine beliebte Gemüseerbse. Im Gegensatz zu Schal- und Markerbse bildet sie auf den Innenseiten der Hülsenwände keine harte, ungenießbare Pergamentschicht aus, weshalb die dünnschaligen, fleischigen Hülsen zusammen mit den unterentwickelten Samen (franz. »Mange-tout«) gegessen werden. Die Hülsen sind knackig, saftig und aufgrund des hohen Zuckergehaltes auch angenehm süß. Um den zart-süßen Geschmack noch etwas zu verstärken, werden Zuckererbsen nach dem Blanchieren kurz in etwas Butter mit Zucker und Salz durchgeschwenkt. Das Rezept für Kaiserschoten mit Minze finden Sie auf Seite 92. Wenn man Zuckererbsen ausreifen lässt, kann man die voll entwickelten, süßen Samen – je nach Sorte – wie Pal- oder Markerbsen verwenden.

Linsen

Allgemeines

Linsen, deren Wiege im Nahen Osten und in Zentralasien liegt, sind wohl die ältesten vom Menschen genutzten Hülsenfrüchte. Stammpflanze der Kulturlinse ist eine kleinsamige Wildlinse, von der versteinerte Überreste in Griechenland gefunden wurden, die auf ein Alter von 13 000 Jahren schließen lassen. Archäologische Funde im Nahen Osten belegen, dass Linsen vor etwa 8 800 Jahren in Kultur genommen und zusammen mit verschiedenen Getreidearten zu Nahrung verarbeitet wurden. Schon aus dem Alten Testament sind Linsen ein Begriff: Dort heißt es, dass Esau für ein Linsengericht (es soll sich um das im

Mittleren Osten noch heute bekannte Linsen-Reis-Gericht »Mujaddara« oder »Mejadarra«, Rezept Seite 150, gehandelt haben) das Erstgeburtsrecht an seinen Bruder Jakob verkauft hat. Linsen verbreiteten sich schon früh nach Äthiopien, Europa, Mittelasien und Indien, die ältesten Funde in Deutschland stammen aus der späten Jungsteinzeit (Bandkeramik). In Nordamerika wurden sie dagegen erst Anfang des 20. Jahrhunderts eingeführt. Heute werden Linsen überall in Regionen mit warmgemäßigtem und subtropischem Klima angebaut, in den Tropen nur in Höhenlagen oder als Winterfrucht.

Puy-Linsen

Belugalinsen

Die Weltproduktion an Linsen betrug 2005 über vier Millionen Tonnen, die auf rund vier Millionen Hektar angebaut wurden. Die beiden größten Produzenten sind Kanada und Indien, mit Abstand gefolgt von der Türkei, den USA, Australien, Nepal, Syrien, China, Bangladesch und Iran. Die ersten drei Länder zusammen erzeugen fast 70 Prozent der Weltproduktion. Kanada und Indien sind auch die beiden größten Exporteure für Linsen. In Europa sind Spanien und Frankreich die führenden Produzenten. Während der Anbau in Ländern wie Kanada oder den USA hoch mechanisiert ist, wird die Linse in den meisten anderen Erzeugerstaaten noch traditionell, das heißt mit viel Handarbeit, angebaut.

Sie ist eine einjährige, krautige, stark verzweigte Pflanze, die buschig aufrecht bis 50 Zentimeter hoch oder niederliegend wächst. Ihre rautenförmigen, bis 15 Millimeter großen Hülsen färben sich bei der Reife hellbraun und enthalten ein bis drei diskusförmige Samen. Die Farbe der Samenschale ist sehr variabel: grün, hellgrün, braungrün, gelb, hellbraun, rotbraun oder dunkelbraun bis schwarz, oft verschiedenfarbig gesprenkelt oder marmoriert. Unterschieden werden zwei Sortengruppen: die vorwiegend in Asien und im Nahen Osten angebauten, kleinkörnigen, zwei bis sechs Millimeter großen Linsen verschiedener Farben mit orangefarbenen bis roten Keimblättern (»Rote Linsen«) und die vorwiegend im Mittelmeerraum, Europa und in der Neuen Welt angebauten, großkörnigen, sechs bis neun Millimeter großen Linsen mit grüner bis brauner Samenschale und gelben, selten auch grünen Keimblättern. Die Zahl der Linsensorten und Landrassen geht in die Tausende, doch werden nur wenige international gehandelt. Dabei spielt der Sortenname keine Rolle, vielmehr wird nach Größenklassen, Farbe und Herkünften (Ortsbezeichnungen) unterschieden. Im Handel am verbreitetsten sind Grüne oder Braune Linsen in der Größe sechs bis sieben Millimeter, die als »Tellerlinsen« bezeichnet werden. Die kleineren Linsen schmecken allerdings oft viel aromatischer, weil sich die Geschmacksstoffe vor allem in der Schale befinden und diese Linsen einen relativ höheren Anteil davon besitzen.

Die Schalenfarbe gibt auch einen Hinweis auf das Alter von Linsen: mit zurehmender Lagerung dunkelt sie nach (Oxidation der Phenole), was aber weder ihre Verwendung noch den Geschmack beeinträchtigt, sie muss nur länger gekocht werden. Linsen werden überwiegend mit Schale, aber auch geschält oder geschält und gespalten angeboten. Sie müssen, ob geschält oder ungeschält, grundsätzlich nicht eingeweicht werden, denn abgesehen von uralter Ware sind sie nach spätestens 40 bis 60 Minuten Kochzeit gar. Linsen sollten nicht sprudelnd kochen, sondern bei niedriger Hitze garen.

In erster Linie werden mit Linsen Suppen und deftige Eintopfgerichte zubereitet, sie werden aber auch für Salate, Aufläufe, Curries, Pürees, Pasteten, Bratlinge und Füllungen verwendet. In Indien spielen sie eine besonders große Rolle und dort isst man sie oft mit Reis. In dieser Kombination wird ihr Nährwert noch verstärkt, weil sich die jeweils vorhandenen Aminosäuren ergänzen.

Die wichtigsten Sorten- bzw. Handelstypen

Die **BELUGALINSE** (auch Schwarze Linse, englisch »Black Beluga«) wurde Anfang der 1990er-Jahre in den USA auf den Markt gebracht und wird auch aus Kanada geliefert. Sie ist sehr klein (2,5 – 3 Millimeter ø), glänzend schwarz (gekocht kaviarähnlich mattgrau, daher der Name) und schmeckt würzig-aromatisch. Gut für delikat gewürzte Suppen und Salate. Auf 1 Tasse Linsen kommen 3 Tassen Wasser – Garzeit ca. 18 – 20 Minuten.

Als **BERGLINSEN** werden kleine, rötlichbraune Linsen mit roten Keimblättern verschiedener Herkünfte (Kanada, Türkei, Italien) bezeichnet. Sie behalten die Form beim Kochen (Garzeit: ca. 40 –45 Minuten), sind aromatisch im Geschmack, eignen sich gut für warme oder kalte Salate, kräftige Eintöpfe und ergeben delikate Keimsprossen. Als Spezialität gelten die zarten, feinen »Lenticchie umbre«, Berglinsen des Typs Castelluccio aus den Berglagen Umbriens («Linsen mit Esskastanien», Rezept Seite 116).

Die **CHAMPAGNE-LINSE** (wegen der geschützten Herkunftsbezeichnung für den Champagner auch Château- und Berry-Linse genannt) wird in verschiedenen Regionen Frankreichs angebaut. Die hellbraunen, kleinen Linsen sind geschmacklich besonders edel und werden gern in der gehobenen Küche verwendet (Garzeit: ca. 30 Minuten). Meist nur in Feinkostgeschäften oder Bioläden erhältlich («Linsen mit Tomaten», Rezept Seite 54).

Die GRÜNE LINSE gibt es dagegen in jedem Supermarkt zu kaufen, deshalb kommt sie in der heimischen Küche auch am häufigsten zum Einsatz. Sie ist preiswert, zerfällt beim Garen nicht, eignet sich für Suppen, Eintöpfe wie z. B. »Tajine« aus Marokko, Rezept Seite 142, für Salate oder als Beilage.

Die PARDINA-LINSE (englisch »Spanish Brown«) stammt ursprünglich aus dem spanischen Landstrich Tierra de Campos (Provinz Valladolid) in der autonomen Region Castilla y León, wird aber in viel größerem Maßstab in den USA angebaut und auch nach Spanien exportiert. Die vier bis fünf Millimeter große Linse ist graubraun gefärbt mit hellschwarzen Sprenkeln und hat orange Keimblätter. Sie ist kochstabil, hat einen aromatischen, nussigen Geschmack, eignet sich hervorragend für Salate und Suppen (Garzeit: ca. 30 Minuten) oder als Beilage (»Rahmlinsen«, Seite 75) und ergibt köstlich schmeckende Keimsprossen. Auch vorgekocht als Konserve erhältlich.

Die PUY-LINSE (Verte du Puy, auch Grüne Delikatess-Linse) ist die bekannteste Linse Europas. Sie ist nach der Stadt Le Puy-en-Velay in der Auvergne benannt, wo sie seit über 2000 Jahren auf rotem Vulkangestein in 600–800 Meter Höhe angebaut wird. Ihre dunkelgrüne, blau gesprenkelte Farbe, die sich beim Garen dunkelbraun verfärbt, verdankt sie dem blauen Farbstoff Anthocyan. Puy-Linsen haben eine dünne Schale, enthalten deutlich mehr Mineralstoffe als andere Linsen und zählen mit einem Durchmesser von vier bis fünf Millimetern zu den kleinen, qualitativ besonders hochwertigen Linsen. Das spiegelt sich auch in der kürzeren Kochzeit (ca. 25 Minuten), der guten Konsistenz und Verträglichkeit sowie im nussig-süßen Geschmack wider. Delikatessen sind der »Lauwarme Linsensalat«, Rezept auf Seite 67, und die «Linsencremesuppe mit Haselnüssen», Rezept Seite 104. Puy-Linsen schmecken als Beilage, sie eignen sich aber auch für Eintöpfe.

Als ROTE LINSEN (auch D(h)al-Linsen) bezeichnet man geschälte Linsen verschiedener Sorten, die in Form, Größe und Schalenfarbe (braun bis hellgrün) variieren und orangerote bis rote Keimblätter aufweisen. Sie werden vorwiegend in Asien und im Nahen Osten, aber auch in Nordamerika angebaut. Rote Linsen haben eine kurze Garzeit (halbe Linsen ca. 6–10, ganze ca. 12–18 Minuten), zerfallen schnell und sind für Suppen, Pürees und Beilagen («Rote Sahnelinsen», Seite 75), Dips und Brotaufstriche ideal. Analog zu den Roten Linsen handelt es sich bei Gelben Linsen um geschälte Linsen mit gelben Keimblättern. Sie sind besonders in der türkischen Küche beliebt.

Als TROJA-LINSEN wird eine Mischung von mittelgroßen, braunen und grünen Linsen bezeichnet, die aus Kanada oder den USA geliefert werden. Sie kochen mehlig und sind durch ihren kräftigen und würzigen Geschmack besonders für herzhafte Eintöpfe oder Pürees geeignet (Kochzeit: ca. 40–50 Minuten), siehe auch Seite 51.

Hülsengemüse

Ein kleiner Nachschlag

Wie schon mehrfach erwähnt, fällt das frisch und noch unreif in der Küche verarbeitete und gegessene Gemüse aus Bohnen oder Erbsen – auch wenn die Frucht die gleiche ist – im eigentlichen Sinne des Wortes nicht unter die Hülsenfrüchte. Zahlreiche Arten von Bohnen oder Erbsen sind nicht nur in der getrockneten Version im Handel, sondern werden auch als Hülsengemüse international gehandelt und verzehrt.

Zu den klassischen Vertretern zählt die Gartenbohne (Grüne Bohne – siehe »Tajine mit Grünen Bohnen«, Rezept Seite 144), gelegentlich auch Brechbohne genannt, mit ihren bekannten Typen Prinzessbohne, Keniabohne (besonders feine Prinzessbohne), Breite Bohne (geeignet zu »Schnittbohnen«) und Wachsbohne. Auch die italienische Borlottibohne sowie Augen-, Spargel- und Helmbohne werden als frische Hülsen gehandelt. In Frankreich werden in der Saison auch die frischen Hülsen der Coco-Bohne verkauft.

Gartenerbsen werden – mit Ausnahme von Zucker- und Knackerbsen – ohne Hülse verzehrt, aber auch in der Hülse gehandelt.

Von Dicken Bohnen verwendet man in erster Linie die frischen, grünen Samen, obgleich im Nahen Osten auch die ganz jungen Hülsen bestimmter Sorten als Gemüse zubereitet werden. Ganz junge Hülsen werden in den jeweiligen Anbauregionen auch von der Adzukibohne, Feuerbohne, Katjangbohne, Mattenbohne, Mungbohne, Reisbohne, Urdbohne, Saatplatterbse, Straucherbse und Linse gekocht oder gedämpft als Gemüse verzehrt.

Kichererbsen am Strauch   *Breite Stangenbohnen, links, Grüne Buschbohnen, rechts*

Frische, unreife Samen schließlich werden nicht nur von der Gartenerbse, sondern auch von der Kicher- und der Straucherbse sowie der Augen- und der Sojabohne als Gemüse verwendet.

Vorbereitung von Hülsenfrüchten

Die Hülsenfrüchte (Trockenware) soweit nötig verlesen. Gute Qualität braucht nicht verlesen zu werden, hat aber ihren Preis. Die Hülsenfrüchte unter fließendem kalten Wasser wiederholt waschen. Je nach Hülsenfrucht und Rezept über Nacht oder ca. 2 bzw. 12 Stunden in kaltem Wasser einweichen und am nächsten Tag mit dem Einweichwasser bzw. mit frischem Wasser auf die Kochstelle setzen. Durch das Einweichen verkürzt sich die Garzeit, die Nährstoffe bleiben besser erhalten und die Hülsenfrüchte haben eine weniger blähende Wirkung. Hülsenfrüchte der neuen Ernte sowie rote Linsen brauchen nicht eingeweicht werden.
Bei hartem Wasser fügt man eine Messerspitze Natron bei oder man kocht das Wasser vorher ab. Bei schlechter Wasserqualität empfiehlt es sich, die Hülsenfrüchte in Mineralwasser einzuweichen und sie am nächsten Tag darin zu garen – ausprobieren!

Oder

Die kalt gewaschenen Hülsenfrüchte mit kochendem Wasser überbrühen; nach 10 Minuten das Wasser abgießen und Erbsen, Linsen oder Bohnen etc. mit frischem Wasser auf die Kochstelle setzen.
Viel Zeit und Energie spart man, wenn die Hülsenfrüchte in einem Dampfdrucktopf (Schnellkochtopf) gegart werden (Herstellerangaben berücksichtigen). Im Schnellkochtopf verkürzt sich die Garzeit von Hülsenfrüchten erheblich (auf etwa 20 bis 30 Minuten). Gegenüber der konventionellen Garmethode hat der Schnellkochtopf neben diesem Vorteil allerdings auch zwei Nachteile: Viele Hülsenfrüchte schäumen sehr stark und sind dann nicht mehr ganz so schmackhaft. Deshalb beziehen sich im Folgenden alle Angaben zu Garzeiten der einzelnen Bohnenarten und -typen auf die herkömmliche Garmethode.

Weitere Arten der Vorbereitung: siehe Rezepte.

Trockenbohnenkerne weiß, rot, braun, schwarz oder gesprenkelt

500 g Bohnen (Samen)
ca. 1 ¼–1 ½ l Wasser

Bohnen eventuell verlesen; gute Qualität kann unverlesen verwendet werden.
Ältere getrocknete Bohnen über Nacht in so viel kaltem Wasser einweichen, dass sie gut davon bedeckt sind. Bohnen der neuen Ernte brauchen nur ca. 2 Stunden Einweichzeit. Bohnen, die nach dem Einweichen an der Oberfläche schwimmen, wegwerfen.
Eingeweichte Bohnen in ein Sieb schütten und abtropfen lassen. Mit frischem Wasser bedeckt rasch zum Kochen bringen. 2 Minuten sprudelnd kochen. Hitze reduzieren und die Bohnen bei halb aufgelegtem Deckel ca. 1 bis 1 ½ Stunden sanft kochen – simmern lassen.

Oder die nicht eingeweichten Bohnen mit kaltem Wasser bedeckt rasch zum Kochen bringen. 2 Minuten sprudelnd kochen; Topf von der Kochstelle nehmen und die Bohnen 1 Stunde im Topf stehen lassen.
Abgießen und gegebenenfalls die Flüssigkeit aufbewahren (siehe Rezepte).
Dann die Bohnen mit frischem Wasser zum Kochen bringen, Hitzezufuhr reduzieren und die Bohnen ca. 1 Stunde köcheln.
Diese Bohnen können zu Eintopfgerichten verwendet werden.

TIPPS: Flageoletbohnen benötigen nur ca. 40 Minuten Kochzeit.
Dicke Bohnen ca. 8–12 Stunden einweichen; die Garzeit beträgt anschließend ca. 1 ½ Stunden. Ungeschälte Dicke Bohnen: Garzeit ca. 2 ½ Stunden.

Mung- und Adzukibohnen brauchen nicht eingeweicht zu werden. Bohnen erst nach Beendigung des Kochvorgangs salzen; fügt man vorher Salz hinzu, werden die Bohnen zäh. Gelegentlich werden die Bohnen jedoch in Salzwasser eingeweicht – die Hinweise bei den einzelnen landestypischen Rezepten beachten.

WICHTIGER HINWEIS: Limabohnen müssen eingeweicht und sollten im offenen Topf gegart werden, da die Bohnen in wässriger Lösung Blausäure abspalten (mindestens 15 Min.). Das Wasser evtl. drei- bis viermal wechseln. Nach dem Kochvorgang können die Bohnen problemlos weiter verwendet werden. Eine weitere Bohnenart, die Blausäure enthält, siehe Seite 22 Helmbohne.

Erbsen · grün, gelb, grau

350 g Erbsen, evtl. verlesen
1 Speckschwarte
1 Stück Sellerie, 2 Möhren, geschabt
und halbiert
ca. 750 ml Wasser

Die Erbsen mit warmem Wasser überbrausen. Ältere Erbsen mit Wasser bedeckt über Nacht einweichen. Neue Ernte oder vorbehandelte Erbsen können gleich mit Wasser bedeckt auf die Kochstelle gestellt werden.
Speckschwarte und Gemüse einlegen, die Erbsen zum Kochen bringen. Die Hitze reduzieren und die Erbsen bei halb aufgelegtem Deckel in 1 bis 1 ¼ Stunden weich köcheln – vorbehandelte Erbsen sind bereits nach 30 Minuten gar. Speckschwarte und Gemüse entfernen und die Erbsen je nach Rezept weiter verarbeiten.

HINWEIS: Während des Kochvorgangs öfter prüfen, ob die Erbsen bereits weich sind – die Kochzeit richtet sich nach dem Alter und der Sorte.
Einweich- und Garzeit von Straucherbsen, siehe Seite 37.

ANMERKUNG: In Mecklenburg-Vorpommern und weiter im Osten wurden früher die grauen Erbsen (mit Räucherspeck, Zwiebeln und Majoran gekocht, mit Mehl etwas angedickt und mit Essig, Salz, Pfeffer und Zucker abgeschmeckt) auch »Alte Weiber« genannt.

Kichererbsen

250 g Kichererbsen
ca. 1 l Wasser
evtl. ½ TL Natron

HINWEIS: Kichererbsen gibt es ganz (ungeschält) oder geschält, gespalten sowie geröstet zu kaufen. Kichererbsenmehl bekommt man in türkischen und asiatischen Geschäften.

Die Kichererbsen über Nacht in kaltem Wasser einweichen. Bei älteren Kichererbsen einen ½ Teelöffel Natron ins Einweichwasser geben. Die Kichererbsen am nächsten Tag durch ein Sieb abgießen und mit frischem Wasser bedeckt auf die Kochstelle setzen. Bei halb aufgelegtem Deckel und bei mittlerer Hitzezufuhr in ca. 1 bis 1 ½ Stunden garen.

Braune oder Grüne Linsen

300 g Braune oder Grüne Linsen
(Tellerlinsen)
ca. 850 ml Wasser
1 Lorbeerblatt

HINWEIS: 100 g getrocknete
Linsen ergeben ca. 250 g gekochte
Linsen.

Die Linsen evtl. verlesen. Mit kaltem Wasser
überbrausen. Dann heiß überbrühen und nochmals kalt überbrausen. Ältere Linsen über Nacht
einweichen; Linsen der neuen Ernte müssen
nicht eingeweicht werden.
oder
ältere Linsen einweichen, das Wasser soll ca.
1 cm hoch über den Linsen stehen. 1 gehäuften
TL Natron zugeben und die Linsen ca. 1 ½ Stunden quellen lassen. Unter kaltem Wasser abbrausen. In einen Topf geben und mit soviel frischem
Wasser aufgießen, dass sie gut davon bedeckt
sind.
Das Lorbeerblatt einlegen, Topf bedecken und
die Linsen je nach Güte und Ernte in 30 –40 Minuten weich kochen. Es gibt auch Linsen, die
60 Minuten Garzeit benötigen. Evtl. etwas
heißes Wasser nachgießen.

Rote Linsen

200 g Rote Linsen
400 ml Wasser oder Gemüsebrühe
evtl. 1 Bouquet garni:
2 Petersilienstängel,
1 Lorbeerblatt,
1 Stängel Thymian

Die Linsen in einem Sieb mit kaltem Wasser
überbrausen. In einen Topf schütten und mit heißem Wasser oder Gemüsebrühe übergießen. Je
nach Weiterverwendung das Bouquet garni einlegen und die Linsen rasch aufkochen. Die Hitze
reduzieren und die Linsen bei halb aufgelegtem
Deckel bei mittlerer Hitzezufuhr 10 –15 Minuten
garen. Nach etwa 10 Minuten probieren, die
Linsen sollen weich sein, aber innen noch einen
festen Kern haben (»al dente«).
Zu Linsenpüree noch weitere 10 Minuten garen
(siehe auch einzelne Rezepte).

Rote Linsen

Vorspeisen & Snacks

Kichererbsen-Snack
Chickpea Masala   Indien

1 Die über Nacht eingeweichten Kichererbsen gut abtropfen lassen und die feinen Häutchen zwischen den Händen abreiben. Beiseite stellen.
2 Öl in einem Topf erhitzen, Knoblauch, Ingwer und Zwiebeln sowie Chili darin einige Minuten unter Rühren anschwitzen. Mit den pulverisierten Gewürzen bestreuen und den Jogurt unterrühren. Etwa 2 Minuten weiter rühren.
3 Wasser angießen, alles zum Kochen bringen und die Tamarindenpaste unterrühren. Die Kichererbsen zugeben, den Topf zudecken und die Hitzezufuhr reduzieren. Etwa 30 Minuten sanft köcheln.
4 Den Deckel entfernen und das Gericht noch 25–30 Minuten weitergaren, bis es etwas eindickt.

Die Kichererbsen in kleinen Schalen zusammen mit verquirltem Jogurt, bestreut mit Koriander und Chiliflocken servieren. Dazu schmeckt indisches Brot.

◄ Kichererbsen-Verkäufer in Mumbai / Indien

4–6 Portionen

400 g Kichererbsen, über Nacht eingeweicht
4 EL Sonnenblumenöl
3–4 Knoblauchzehen (je nach Größe), gehackt
2 EL frischer Ingwer, fein gehackt
1 Gemüsezwiebel, gehackt
1–2 grüne Chilischoten, fein gehackt (nach Geschmack)
je 1 EL Chilipulver, Kreuzkümmelpulver, Korianderpulver
½ EL Garam Masala (indisches Fertiggewürz)*
3 EL Naturjogurt (evtl. Büffeljogurt)
1–1 ¼ l Wasser
1–2 EL Tamarindenpaste (Fertigprodukt)

Zum Servieren:
Naturjogurt, gehackte Korianderblättchen, Chiliflocken
indisches Brot (s. S.155)

Chickpea Masala ist in Indien ein typisches Streetfood. Man isst es so, wie bei uns eine Bratwurst.

*Garam Masala ist eine Gewürzmischung, die meist aus schwarzen Pfefferkörnern, etwas Zimt, Nelken, Kardamom, Kreuzkümmel und Lorbeerblättern sowie Korianderkörnern und etwas Muskatblüte besteht. Die Gewürzmischung schmeckt aromatisch feurig, etwas scharf.

Tarteletts mit Erbsenfüllung

1 Das Mehl mit der Butter mit den Händen zu Bröseln (Streuseln) reiben. Eigelb, Salz, 2–3 EL kaltes Wasser unter die Masse arbeiten und alles rasch zu einem Teig zusammenfügen. In Folie wickeln und 50–60 Minuten kalt stellen.

2 Während der Teig ruht, die Erbsen 8–10 Minuten in Salzwasser mit etwas Zucker blanchieren (TK-Erbsen unaufgetaut ca. 6–8 Minuten blanchieren), anschließend gut abtropfen lassen. Backpapier in der Größe der Förmchen zuschneiden.

3 Eine Arbeitsfläche mit Mehl bestäuben und den Teig etwa 4 mm dick darauf ausrollen (sollte der Teig kleben, Klarsichtfolie zum Ausrollen auf den Teig legen). Tartelettförmchen ausfetten, für den Boden die Förmchen in den Teig drücken, den restlichen Teig zu Rändern formen und die Seiten damit auskleiden. Den Boden mehrmals mit einer Gabel einstechen. Den Backofen auf 200 °C vorheizen.

4 Die ausgeschnittenen Backpapierrondellen in die Förmchen legen und mit Hülsenfrüchten bedecken. Die Tarteletts etwa 8–10 Minuten »blind« vorbacken. Anschließend die Hülsenfrüchte und das Backpapier entfernen (die Hülsenfrüchte können mehrmals zum Blindbacken verwendet werden).

5 Für die Füllung die gut abgetropften Erbsen mit den Schalotten, den Schinkenwürfeln sowie den Piments d'Espelette vermischen und gleichmäßig auf die Förmchen verteilen. Für den Guss (Royale) die Sahne mit dem Ei verquirlen, geriebenen Käse zugeben und mit Salz und Pfeffer abschmecken. Den Guss über die Füllungen geben und die Tarteletts 20–25 Minuten backen.

4 Tartelettförmchen (ø ca. 12 cm)

Für den Teig:
200 g Weizenmehl Typ 405
200 g weiche Butter
1 Eigelb, 1 Prise Salz
Butter für die Förmchen
Backpapier und trockene
Hülsenfrüchte zum Blindbacken

Füllung:
600 g frische Erbsen,
z. B. Markerbsen, oder TK-Ware
Salz, 1 Prise Zucker
3 Schalotten, fein gehackt
80 g roher Schinken, fein gehackt
2 Piments d'Espelette*, getrocknet und fein zerbröselt, ersatzweise milde Chilischoten

Zum Überbacken (Royale):
100 ml süße Sahne/Rahm
1 Bio-Ei
50 g milder geriebener Käse,
z. B. Emmentaler
oder Schafskäse, zerbröckelt
Salz und Pfeffer, frisch gemahlen

*Piment d' Espelette ist eine mildere Chilisorte aus dem Baskenland (ursprünglich aus Mexiko). Sie schmeckt würziger als Gemüsepaprika, aber nicht so scharf wie Cayenne-Chili. Im Spätsommer und Herbst trocknen die Schoten in langen Girlanden an den Häusern.

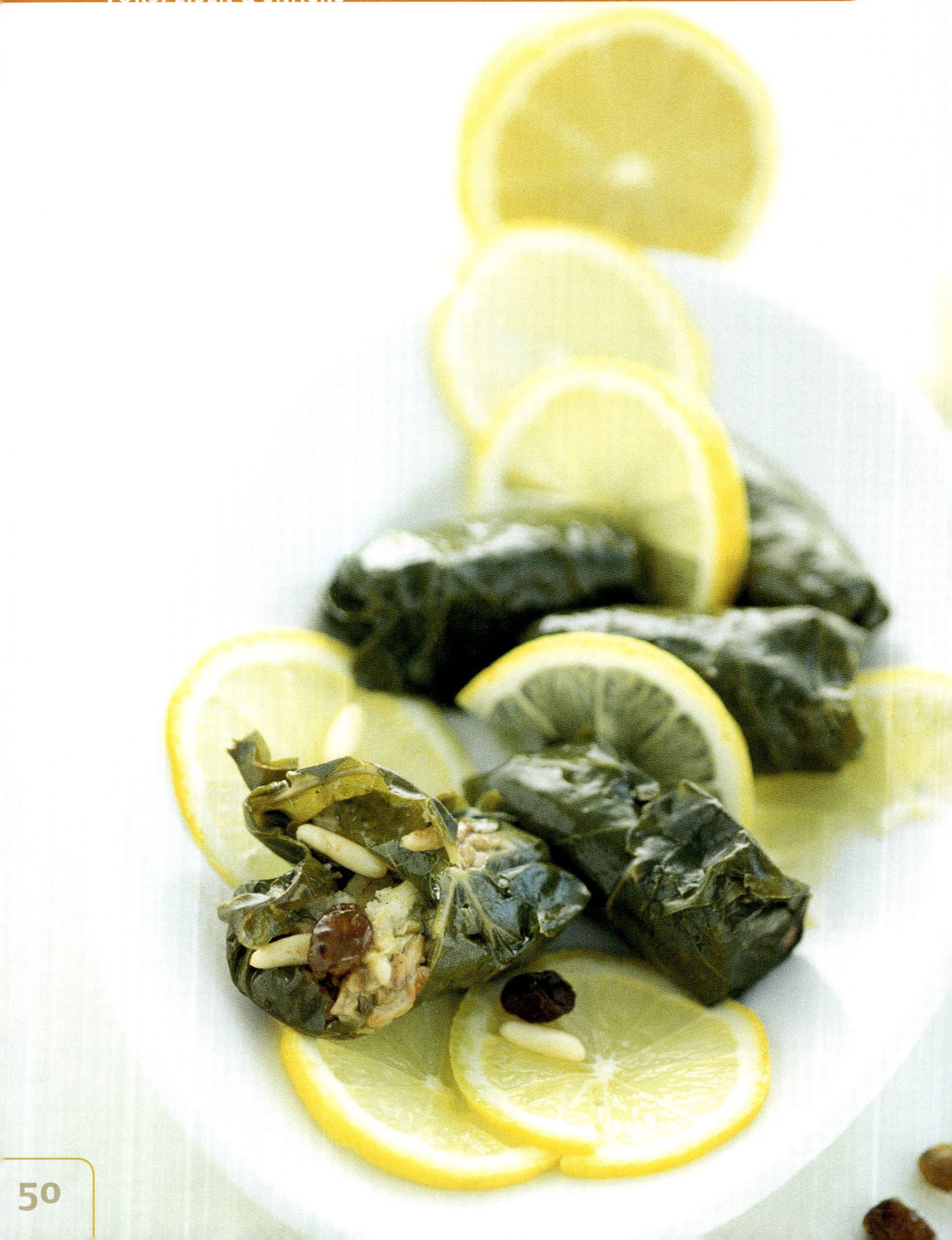

Weinblätter mit Linsen-Reis-Füllung

Abelodolomádes me fakés kä dyósmo Griechenland

1 Weinblätter 15 Minuten in kaltem Wasser einweichen, dann auf einem Geschirrtuch auslegen und trocken tupfen. Beschädigte Blätter zum Auslegen der Garform beiseite legen. Es sollen 30 intakte Blätter übrig bleiben.
2 Olivenöl in einer großen Pfanne erhitzen, Zwiebeln und Knoblauch darin anschwitzen. Reis abtropfen lassen, dazu geben und unter Rühren ca. 5 Minuten anbraten. Mit Wasser ablöschen. Sobald die Flüssigkeit verdampft ist, Pfanne von der Kochstelle nehmen, Reis abkühlen lassen.
3 Reis mit den Linsen und Kräutern vermischen.
4 Pinienkerne in einer Pfanne ohne Fett trocken anrösten, zum Reis-Linsen-Gemisch geben. Gewürze, Zitronensaft und evtl. noch etwas Öl zur Masse geben. Evtl. die Korinthen einarbeiten.
5 Eine ofenfeste Form mit den beschädigten Weinblättern auslegen. Jedes intakte Weinblatt mit 1 Teelöffel Füllung belegen, darauf achten, dass die glänzende Seite des Blattes nach außen zeigt. Die Blätter von den Seiten her einschlagen, vom Stielansatz her eng aufrollen. Die Weinblätter mit der Nahtstelle nach unten dicht an dicht in die Form legen. Mit der Olivenöl-Wasser-Mischung übergießen, mit Zitronenscheiben belegen.
6 Im vorgeheizten Backofen bei 160 °C ca. 40–50 Minuten garen; evtl. etwas Wasser nachgießen, damit die Oberfläche nicht austrocknet.

◄ *Weinblätter mit Linsen-Reis-Füllung*

6 Portionen

ca. 40 Weinblätter, eingelegt in Lake, entstielt

Füllung:
3 EL Olivenöl
2 Gemüsezwiebeln, fein gehackt
2 Knoblauchzehen, fein gehackt
120 g Langkornreis, 20 Minuten in Wasser eingeweicht
120 g kleine Braune oder Grüne, knapp gegarte Linsen oder Troja-Linsen*
je ½ Bund glattblättrige Petersilie und Dill, Blättchen fein gehackt
40 g Pinienkerne
½ TL Nelken, gemahlen,
1 Prise Pimentpulver
2 EL Zitronensaft
evtl. etwas Olivenöl
Nach Belieben: 4 EL Korinthen, gewaschen und abgetropft

Zum Garen:
3 EL Olivenöl
ca. ¼ l Wasser oder Gemüsebrühe
Zitronenscheiben

TIPP: Die gefüllter Weinblätter schmecken warm und kalt; Jogurtsauce, gewürzt mit Pfeffer, Chili und Dill, passt gut dazu.

*Troja-Linsen benötigen ca. 40 Minuten Garzeit (1 Tasse Linsen und 3 Tassen Flüssigkeit). Die mehligkochenden Linsen haben einen würzigen, leicht nussigen Geschmack

Linsensalat mit geräucherten Forellenfilets
Salade de lentilles aux truites fumées Frankreich

180 g Puy-Linsen, Seite 40 oder
Berglinsen, Seite 39
1 kleine Zwiebel, abgezogen,
gespickt mit 2 Nelken
2 kleine Knoblauchzehen
1 Stück Zitronenschale,
unbehandelt, etwa 3 cm
1 Lorbeerblatt
1 TL Kreuzkümmel
ca. 400 ml Wasser

Sauce:
2 EL Rotweinessig
1 TL Zitronensaft
4–5 EL Olivenöl extra nativ
Knoblauchscheiben von den
mitgegarten Knoblauchzehen
½ TL gemahlener Kreuzkümmel
2 TL Minzeblätter, fein geschnitten
3 Frühlingszwiebeln, in feine Ringe
geschnitten

Weitere Zutaten:
4 geräucherte Forellenfilets
ohne Haut

1 Die Linsen kurz mit Wasser überbrausen, dann zusammen mit der gespickten Zwiebel, dem Knoblauch, Lorbeerblatt und Kreuzkümmel in einen Topf geben und mit dem Wasser auffüllen. Kurz aufkochen, Hitze reduzieren und die Linsen etwa 15–20 Minuten garen – probieren (Berglinsen benötigen ca. 40 Minuten Garzeit). Evtl. noch vorhandene Flüssigkeit abgießen, den Knoblauch in feine Scheiben schneiden und zur Sauce verwenden.

3 Den Essig mit Zitronensaft und dem Öl mit einem Schneebesen vermischen, alle anderen Zutaten leicht unterheben.

4 Servierteller mit den Linsen füllen, die Sauce darüber verteilen und den Salat etwa 30 Minuten durchziehen lassen. Die Forellenfilets halbieren und über den Linsen anrichten.

Baguette oder kleine Brötchen dazu reichen.

VARIANTE: Statt Forellenfilets schmale gehäutete und entgrätete Aalstückchen über den Linsen anrichten.

Lauwarmer Salat mit Entenbrust und Dicken Bohnen
Salade tiède de canard et fèves
Frankreich

1 Backofen auf 160 °C vorheizen. Die Entenbrust auf der Hautseite rautenförmig einritzen, dann in einer beschichteten Pfanne ohne Fett auf der erhitzten Kochplatte zuerst auf der Hautseite anbraten, bis sie braun ist, dann auf der Fleischseite sekundenschnell anbraten. Würzen und in der Pfanne in den Backofen stellen und noch 15–20 Minuten garen (je nach gewünschtem Gargrad).
2 Die Dicken Bohnen schälen. Butter mit Öl in einem Topf erhitzen und die Schalotten darin anschwitzen. Bohnen und den Rosmarinzweig zugeben, salzen und pfeffern. Mit 2 EL Wasser beträufeln und bei mäßiger Temperatur etwa 10 Minuten garen. Lauwarm abkühlen lassen.
3 Währenddessen das Salat-Bouquet und die Paprikastreifen vorbereiten und aus den angegebenen Zutaten eine Salatsauce bereiten: Zunächst die Gewürzkörner und Pfefferbeeren mit Salz und Zucker im Mörser zermalmen. Mit Himbeeressig und Öl sowie den Rosmarinnadeln vermischen und abschmecken – evtl. noch etwas Essig zugeben.
4 Teller mit Salat-Bouquet, Paprikastreifen und Bohnen belegen. Von der warmen Entenbrust das Fett abschneiden und das Fleisch in Streifen schneiden. Über dem Salat anrichten und alles mit der Salatsauce beträufeln.
Frisches Baguette dazu reichen.

VARIANTE zur Salatsauce: 1 fein gehackte Knoblauchzehe mit 1 EL Sojasauce, frisch gemahlenem Pfeffer und 4–5 EL Olivenöl verrühren.

350 g Entenbrust
Salz, Pfeffer, frisch gemahlen

Für die Bohnen:
400 g frische junge
Dicke Bohnen, enthülst
20 g Butter
2 EL Sonnenblumenöl
2 Schalotten, fein gehackt
1 Zweig Rosmarin
Salz, Pfeffer, frisch gemahlen

Salat-Bouquet:
1 kleiner Romana-Salat (Salatherz) oder 160 g Pflücksalat (gewaschen, getrocknet, mundgerecht zerkleinert)
1 kleine rote Paprikaschote oder 2 Piments d'Espelette, Seite 49 (geputzt, entkernt, in Streifen geschnitten)

Salatsauce:
1 EL Korianderkörner
1 TL schwarze Pfefferkörner
2 EL rosa Pfefferbeeren (Schinus molle)
1 TL grobes Meersalz
½ TL Zucker
1 EL Himbeeressig
4 EL Walnuss/Baumnussöl
1 TL gehackte Rosmarinnadeln

Schwarze Bohnen mit Mango

Südamerika

200 g Schwarze Bohnen, gegart
oder Bohnen aus der Dose, gut abgetropft
ersatzweise Rote und Weiße
Bohnen (Abtropfgewicht 225 g)
1 reife große Mango
1 kleine rote Zwiebel
1 rote längliche Chilischote
1 EL flüssiger Honig
4 EL Limetten- oder Zitronensaft
4 EL Sonnenblumen- oder Rapsöl
½ Bund Koriander und einige Stiele
Petersilie, Blättchen gehackt
Meersalz, Pfeffer, frisch gemahlen

1 Die Bohnen in eine Schüssel geben. Die Mango schälen, Fruchtfleisch vom Stein schneiden und würfeln. Mit den Bohnen vermischen.

2 Die Zwiebel fein hacken. Chilischote in feine Ringe schneiden, Kerne entfernen. Mit dem Inhalt der Schüssel mischen.

3 Aus Honig, Zitrussaft, Öl und den gehackten Kräutern eine Vinaigrette rühren und mit den Zutaten locker vermengen. Mit Salz und Pfeffer abschmecken und die Bohnen zimmerwarm servieren.

Dazu schmeckt Baguette oder Ciabatta-Brot.

Linsen mit Tomaten
Lentilles aux tomates Frankreich

6–8 Portionen

250 g Puy-Linsen, Seite 40 oder
Champagne-Linsen, Seite 39
ca. 550 ml Gemüsebrühe
2 große reife Fleischtomaten
1 milde Gemüsezwiebel
2 EL Olivenöl nativ extra
1 geh. EL mildes Paprikapulver
1 EL Pfeffer, frisch gemahlen
Salz nach Geschmack
1 Prise Zucker
1–2 EL Noilly Prat (Vermouth
aus Südfrankreich)
2 frische Chilischoten

1 Die Linsen kalt überbrausen und in der Gemüsebrühe 15 Minuten garen. Abtropfen lassen. Die Gemüsebrühe auffangen.

2 Die Tomaten häuten, entkernen und das Fruchtfleisch in Würfel schneiden. Die Gemüsezwiebel abziehen und fein hacken. Beides im Olivenöl anschwitzen. Mit den Gewürzen überstäuben und die Linsen einrühren. Zucker und Noilly Prat zugeben. Den Topf zudecken und die Linsen bei geringer Hitzezufuhr noch ca. 15–20 Minuten köcheln, probieren. Falls Flüssigkeit fehlt, noch etwas warme Gemüsebrühe zugießen.

3 Die Chilischoten in dünne Ringe schneiden und entkernen. Die lauwarmen Linsen auf Tellern anrichten und mit den Chiliringen bestreuen.

Schwarze Bohnen mit Mango, Südamerika ▶

Bohnen- oder Kichererbsenbällchen
Falafel Ägypten/Vorderer Orient

Ca. 30–35 Bällchen

250 g weiße Dicke Bohnen, über
Nacht eingeweicht
2–3 Knoblauchzehen, fein gehackt
und mit etwas Salz verrieben
1 Bund frischer Koriander,
Blättchen gehackt
½ Bund glatte Petersilie,
Blättchen gehackt
1 EL Kreuzkümmelsamen,
grob zerstoßen
1 EL Korianderkörner,
grob zerstoßen
1 kleine Zwiebel, fein gehackt
50 g Kichererbsenmehl (Besan),
erhältlich in indischen Geschäften
oder in der Markthalle
ersatzweise Weizenmehl
1 Ei
3 g Backpulver
Salz, Pfeffer, frisch gemahlen

Nach Belieben:
4 EL Sesamsamen zum Wälzen
1 Flasche Sonnenblumenöl zum
Frittieren

1 Die Bohnen unter kaltem Wasser gut abspülen. Eine Hälfte in einem Topf mit kaltem Wasser bedeckt zum Kochen bringen. Hitze reduzieren und die Bohnen knapp 10 Minuten köcheln. Den aufsteigenden Schaum abschöpfen.

2 Die restlichen ungekochten Bohnen im Mixer fein pürieren und in eine Schüssel füllen, mit den gekochten Bohnen ebenso verfahren. Alle Zutaten einschließlich Backpulver zufügen und alles gut vermengen. Mit Salz und Pfeffer abschmecken.

3 Die Masse zu etwa walnussgroßen Bällchen formen, Unebenheiten auf der Oberfläche beseitigen. Evtl. in Sesamsamen wälzen und kurz ruhen lassen.

4 In einer Fritteuse, ersatzweise in einer tiefen Pfanne das Öl auf ca. 180 °C erhitzen und ein Probebällchen darin ausbacken. Ist das Öl heiß genug, die Bällchen in kleinen Mengen hineingeben (damit das Öl nicht zu stark abkühlt) und ausbacken. Auf Küchenkrepp entfetten und sofort servieren.

VARIANTE: Falafel mit 225 g, über Nacht eingeweichten, dann gehäuteten und anschließend pürierten Kichererbsen zubereiten.

Die kleinen Bohnenbällchen sollen ihren Ursprung in Ägypten haben. Sie sind aber mittlerweile im ganzen Maghreb und im Vorderen Orient heimisch. In vielen Ländern (z. B. in Israel) werden sie statt mit Bohnen mit Kichererbsen zubereitet. Dazu werden Fladenbrot, eingelegte Chilischoten, Zitronenachtel und Tahini (Seite 100) serviert.

Mungbohnen-Bratlinge
Kong Na Mull Chon Korea

1 Die Mungbohnen in einem Sieb unter fließendem Wasser solange überbrausen, bis die
ablaufende Flüssigkeit klar bleibt. Über Nacht
einweichen; abspülen und abtropfen lassen.
2 Mungbohnen mit dem ¼ Liter Wasser im
Mixer pürieren. In eine Schüssel füllen, Gemüse
und Gewürze zugeben, mit Hackfleisch vermischen. So viel Mehl zugeben, dass ein formbarer
Teig entsteht. Die Masse zu fingerdicken Küchlein formen, etwas flach drücken.
3 Öl in einer Pfanne erhitzen, die Bratlinge in
Portionen ausbacken, auf Papier entfetten.
4 Auf einer Platte anrichten und Soja-Essig-
sauce zum Dippen dazustellen.

Ca. 20 Stück

250 g Mungbohnen, geschält,
halbiert
ca. ¼ l Wasser
1 kleine Stange Lauch, gehackt
2–3 Frühlingszwiebeln, gehackt
2 Knoblauchzehen, durch die
Presse gedrückt

Nach Belieben: 2 frische Chilischoten, entkernt, gehackt
1 TL frischer Ingwer, geschält,
fein gerieben
Salz, Pfeffer, frisch gemahlen
125 g gehacktes Schweinefleisch
100–120 g Mehl

Zum Ausbacken:
Pflanzenöl

Soja-Essigsauce, Seite 91

Bohnenquark mit Bohnensprossen
Taukwa dan taugeh Malaysia

1 Den Bohnenquark in Scheiben schneiden, tro-
ckentupfen. Die Bohnensprossen ca. ½ Minute
blanchieren, gut abtropfen lassen.
2 Feingehackten Knoblauch im erhitzten Öl
goldbraun anschwitzen, Bohnenquarkscheiben
zugeben, 2 Minuten rundum anbraten.
3 Sprossen zugeben und weitere 3 Minuten
unter vorsichtigem Rühren anbraten. Mit Salz
und Pfeffer würzen.

TIPP: Sojasauce (Fertigprodukt) dazu servieren.

4–6 Portionen

2 Würfel gelber Bohnenquark
(taukwa) – Asiashop
250 g frische Mungbohnen-
sprossen (tauçeh) – Asiashop
2 Knoblauchzehen, gehackt
2 EL Sojaöl
Salz, Pfeffer, frisch gemahlen

Aus Malaysia sind vor allem die gut gewürzten Satay-Spieße, die mit einer Erdnuss-Sauce
gegessen werden, bekannt. Gelber Bohnenquark
(taukwa), Sojabohnenpaste sowie frische Mungbohnensprossen (taugeh) spielen jedoch eine
ebenso große Rolle in der dortigen Küche.

Straucherbsenbällchen mit Jogurtsauce
Toor Dal   Indien

4–6 Portionen

370 g Straucherbsen, über Nacht
eingeweicht
oder Straucherbsen, geschält und
gespalten und kurz überbraust
1 Gemüsezwiebel, 1 große Kartoffel,
ca. 200 g, jeweils geschält

Gewürzmischung:
je 1 TL Kurkuma, Kreuzkümmel und
Koriander, gemahlen

Nach Belieben: 1 Knoblauchzehe,
feinst gehackt
80–100 g Mehl

Zum Ausbacken:
Erdnuss- oder Sonnenblumenöl

Jogurtsauce:
2 Becher Jogurt (300 g),
evtl. indischer Büffelmilchjogurt
½ TL Salz
1 Prise Chilipulver oder
½ rote Chilischote, feinst gehackt
½ Bund Minze, Blättchen fein
gehackt

1 Die eingeweichten Erbsen abtropfen lassen;
dann in eine Schüssel schütten.
2 Zwiebel und Kartoffel auf einer Rohkostreibe
(Bircherraffel) fein raspeln. Zusammen mit der
Gewürzmischung zu den Straucherbsen geben
(nach Belieben auch Knoblauch). So viel Mehl
einarbeiten, dass die Masse bindet.
3 Hände leicht mit Mehl bestäuben und aus der
Erbsenmasse walnussgroße Bällchen formen.
Auf ein mit Backtrennpapier belegtes Blech
legen und abgedeckt ca. 30 Minuten ruhen lassen.
4 In einer Fritteuse oder Pfanne mit hohem
Rand das Öl erhitzen. Die Bällchen portionsweise
einlegen, damit die Temperatur des Öls nicht zu
stark absinkt. In ca. 4–5 Minuten goldbraun ausbacken. Auf Küchenkrepp entfetten und bereits
frittierte Bällchen warm stellen.
5 Für die Jogurtsauce den Jogurt mit Chili und
Minze verrühren und als Dip zu den Bällchen
reichen.

TIPPS: Diese Bällchen können mit jeder Linsen-
oder Erbsenart zubereitet werden. Die fertige
Masse kann auch über Nacht im Kühlschrank
aufbewahrt werden.

Straucherbsenbällchen mit Jogurtsauce ▶

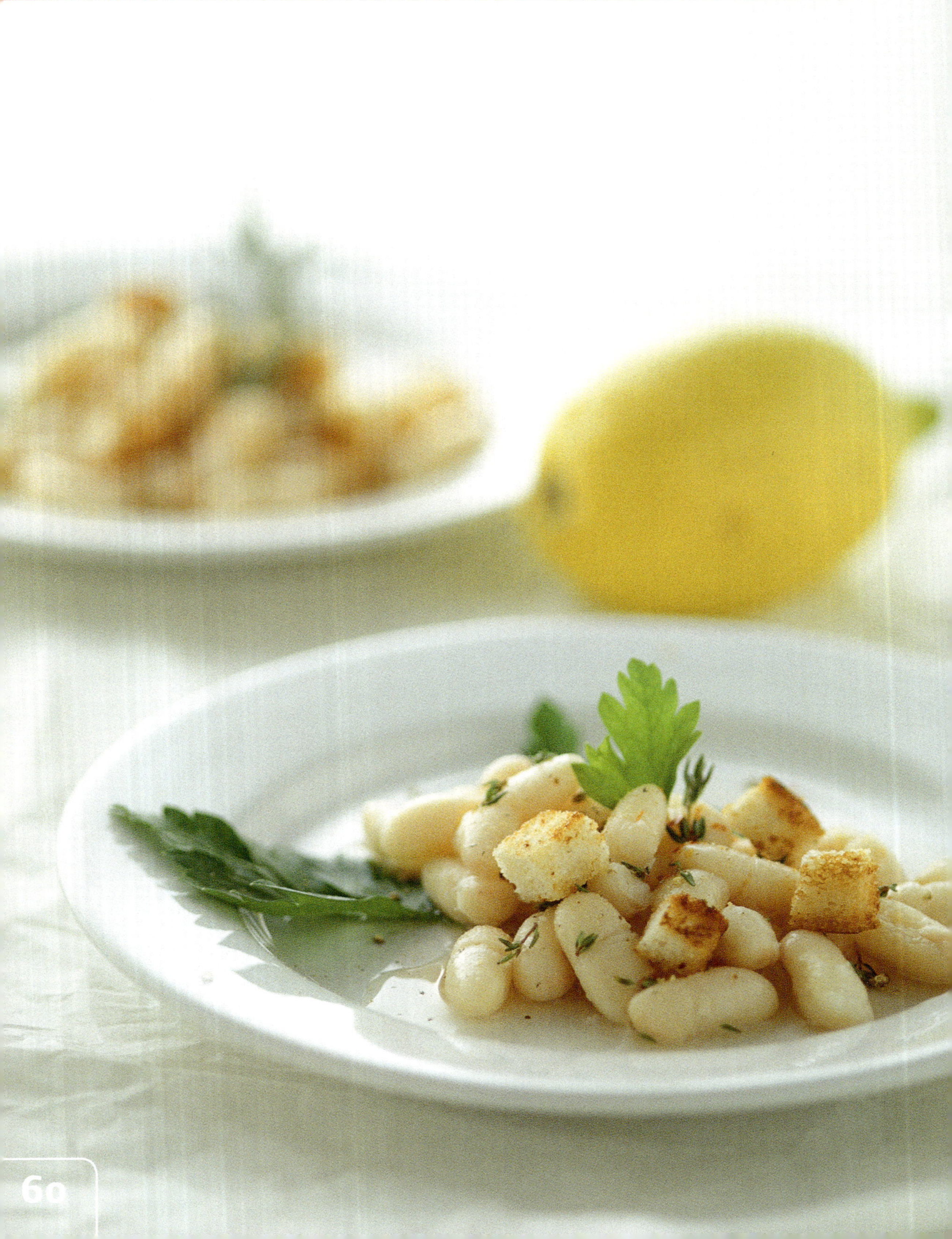

Salate

Bohnensalat, mediterran
Insalata di fagioli   Italien

1 Die Bohnen über Nacht einweichen. Abtropfen lassen und in frischem Wasser rasch zum Kochen bringen. Etwa 10 Minuten sprudelnd kochen. Hitze reduzieren, Thymianzweig einlegen und die Bohnen ca. 50 Minuten garen. Probieren, sie sollen nicht zerfallen.
2 Die Weißbrotwürfel in einer beschichteten Pfanne leicht anrösten. Knoblauch darüber pressen, beiseite stellen.
3 Die Salatsauce mit allen Zutaten anrühren, mit Salz und Pfeffer kräftig abschmecken. Mit den abgekühlten Bohnen vermischen, mit den Brotwürfeln bestreuen.

250 g Cannellinobohnen,
1 Zweig Thymian

100 g Weißbrot, entrindet, gewürfelt
1 Knoblauchzehe, durchgepresst

Salatsauce:
1 unbehandelte Zitrone, Schale abgerieben
2 EL Weinessig
½ TL Chili-/Peperonciniflocken
je 2 EL glattblättrige Petersilie, Thymian und Oregano, Blättchen gehackt
6 EL Olivenöl extra nativ
Salz, Pfeffer, frisch gemahlen

Bohnensalat für Eilige

1 Inhalt des Glases in ein Sieb schütten, mit kaltem Wasser überbrausen, bis die ablaufende Flüssigkeit klar ist. Gut abtropfen lassen.
2 Kirschtomaten waschen, halbieren, Zwiebel und Knoblauchzehe fein hacken.
3 In einer Servierschüssel die Sauce mit den angegebenen Zutaten anrühren. Abgetropften Bohnensalat und alle anderen Zutaten beigeben und alles gut vermischen.
Als Beilage zu einem Käse- oder Schinkenbrot. Oder für 2 Portionen als vegetarische Vorspeise mit Vollkorntoast oder Brötchen.

◄ *Bohnensalat, mediterran, Italien*

1 Glas Bohnensalat (Bioqualität), Abtropfgewicht 240 g
12 Kirschtomaten oder Würfel von
1 Avocado
1 kleine rote Zwiebel
1 Knoblauchzehe, gehackte Petersilie

Sauce:
Salz, Zitronenpfeffer
1 Prise Zucker
2 EL Wein- oder Obstessig
1 TL Chilisauce oder süße Chilisauce (Fertigprodukt)
3 EL Olivenöl oder Sonnenblumenöl

Bohnensalat mit geräuchertem Lachs
Portland bean salad with smoked salmon   USA

250 g kleine Weiße Bohnen
1 l Gemüse- oder Geflügelbrühe

Salatsauce:
2 TL Balsamico- oder Weinessig
1 TL Zitronensaft
Salz, Pfeffer, frisch gemahlen
3–4 EL Sonnenblumen- oder
Maiskeimöl

Weitere Zutaten:
1 Stange junger Lauch oder
2 Frühlingszwiebeln, jeweils mit
Grün, in Ringe geschnitten
1 EL glattblättrige Petersilie,
Blättchen gehackt
200 g geräucherter Lachs am Stück

einige Salatblättchen

1 Die Bohnen unter kaltem fließenden Wasser abspülen; mit reichlich frischem Wasser rasch zum Kochen bringen. 2–3 Minuten sprudelnd kochen, Hitzezufuhr abstellen und die Bohnen zugedeckt im Topf ca. 1 Stunde stehen lassen.
2 Bohnen durch ein Sieb abgießen. Gemüse- oder Geflügelbrühe erhitzen, Bohnen einlegen und zum Kochen bringen. Hitze reduzieren und die Bohnen bei halb aufgelegtem Deckel so lange köcheln, bis sie weich und zart sind, probieren. Falls Flüssigkeit fehlt, noch etwas Wasser zugießen.
3 Bohnen durch ein Sieb abgießen, Flüssigkeit anderweitig verwenden oder einen Teil davon für die Salatsauce nehmen.
4 Die Salatsauce anrühren und die noch warmen Bohnen damit vermischen. Lauch und Petersilie zugeben. Den Lachs häuten und das Fleisch in Blättchen teilen.
5 Eine Servierschüssel mit den Salatblättchen auslegen. Den Lachs vorsichtig unter die Bohnen heben und den Salat in die Schüssel füllen. Oder den Salat portionsweise anrichten. Dazu passen kleine neue Kartoffeln.

Portland bean salad with smoked salmon,
Oregon/USA

Augenbohnensalat »Imerovigli« Griechische Inseln

1 Die Augenbohnen abtropfen lassen und mit frischem Wasser bedeckt zum Kochen bringen. 1–2 Minuten sprudelnd kochen, dann die Kochtemperatur zurücknehmen und die Bohnen etwa 50–60 Minuten köcheln. Probieren, sie sollten nicht zu weich werden. Abgießen und gut abtropfen lassen.

2 Spinat- oder Portulakblätter entstielen, kurz mit kaltem Wasser überbrausen und gut abtropfen lassen oder mit Küchenkrepp trocken tupfen.

3 Aus den genannten Zutaten eine Salatsauce zubereiten und kräftig abschmecken. Die Gemüseblätter auf einer Platte auslegen und mit einem Tuch bedecken, damit sie nicht austrocknen. Die Bohnen mit der Salatsauce vermischen und etwa 30 Minuten durchziehen lassen. Dann auf den Gemüseblättern anrichten und mit herzhaftem Bauernbrot servieren.

250 g Augenbohnen, über Nacht eingeweicht
200 g kleine frische Spinatblätter, ersatzweise Winter-Portulak-Blätter (Postelein)

Salatsauce:
1 kleine rote Zwiebel, fein gehackt
1 mittelgroße Tomate, gehäutet, entkernt, Fruchtfleisch in kleine Würfel geschnitten
2 EL Weißweinessig
3 EL griechisches Olivenöl extra nativ
Meersalz und Pfeffer, frisch gemahlen

VARIANTEN:
250 g weiße Riesenbohnen (Gigantes), gekocht nach Grundrezept Seite 43, verwenden.

Noch 1 EL mittelscharfen Senf in die Sauce geben

Die Augenbohne, in den USA als »Kuherbse« (Cowpea) bezeichnet, stammt ursprünglich aus Westafrika. Mit den Sklaven kam sie nach Brasilien und in den Süden der USA. Aber auch im Mittelmeerraum sind die Bohnen sehr beliebt – wie das obenstehende Rezept von der Insel Santorin zeigt.

Cochita Bohnensalat
Cochita bean salad   USA

1 Dose Weiße Bohnen,
Abtropfgewicht 240 g
1 Dose Rote Bohnen,
Abtropfgewicht 255 g
250 g frische Grüne Bohnen oder
Breite Bohnen, knackig gegart,
in Stücke geschnitten

Salatsauce:
2 Schalotten, fein gehackt
1 grüne Paprikaschote/Peperoni,
Scheidewände entfernt, entkernt,
Fruchtfleisch in Würfel geschnitten
2 TL Salz
1 TL Pfeffer, frisch gemahlen
2 EL Zucker
100 ml Weißweinessig
100 ml Erdnuss- oder Maiskeimöl
1 Bund Bärlauch oder Frühlings-
zwiebelgrün, fein geschnitten

Zum Bestreuen:
100 g Sonnenblumenkerne

4–5 Portionen

1 Beide Bohnensorten aus der Dose in einem
Sieb mit kaltem Wasser überbrausen und gut
abtropfen lassen. In einer großen Schüssel mit
den Grünen Bohnen vermischen.

2 Schalotten mit Paprikawürfeln, den Gewürzen sowie Essig und Öl gut vermischen, den
Bärlauch unterziehen. Die Sauce über die Bohnen gießen und etwa 60 Minuten durchziehen
lassen.

3 Die Sonnenblumenkerne in einer Pfanne ohne
Fett hell anrösten und über dem Salat anrichten.

VARIANTEN: Den Salat statt mit Grünen
Bohnen mit 300 g knackig gegartem Kürbisfleisch zubereiten.
Statt Paprikawürfel klein gehackte rote Chilischote in die Salatsauce geben.

Dieses Rezept stammt aus der Küche der Pueblo-Indianer, die im Südwesten der USA leben.
Sie ist von mexikanischen und spanischen Strömungen beeinflusst. Der Bohnensalat wurde
ursprünglich mit Tepary-Bohnen zubereitet, die von den Ureinwohnern, den Anasazi, bereits
vor 2500 Jahren aus Wildformen gezogen wurden. Diese rotbraun-weiß gefleckten Bohnen
gibt es in Spezialgeschäften in unterschiedlichen Farben – als Marmorbohnen bezeichnet –
zu kaufen.

Cochita bean salad / Südwesten der USA ▶

Marokkanischer Bohnensalat
Salade de fèves

Marokko

1 Bund glatte Petersilie
1 kg frische junge Dicke Bohnen,
ergibt enthülst und geschält ein
Reingewicht von ca. 400 g
1 EL Salz – oder mehr, nach
Geschmack
1–2 EL Kreuzkümmel
1–2 EL mildes Paprikapulver
3 EL Olivenöl extra nativ
3–4 Knoblauchzehen, gehackt
1 TL Chiliflocken oder 3 getrocknete
Chilischoten, zerbröselt
1 Bund glatte Petersilie, Blättchen
gehackt
1 Bund Koriander, Blättchen gehackt
Saft von 1 Zitrone

Zum Servieren:
1 eingelegte Zitrone (siehe unten)

1 Ein halbes Bund Petersilie in einen Dampfkorb legen, die vorbereiteten Bohnen darauf geben, mit den restlichen Petersilienstängeln belegen und salzen. Die Bohnen im Dampf etwa 12–15 Minuten garen – probieren.
2 Kreuzkümmel ohne Fett in einer beschichteten Pfanne anrösten, bis die Samen beginnen zu duften. Anschließend in einem Mörser zerstoßen und mit dem Paprikapulver vermischen.
3 Öl erhitzen, die Gewürzmischung darin kurz anbraten (nicht zu lange, sonst schmeckt sie bitter), Knoblauch und Chili zugeben und die Mischung einige Minuten unter Rühren anbraten. Die Bohnen aus dem Dampfkorb nehmen (Petersilienstängel entfernen), zur Gewürzmischung in der Pfanne geben, durchrühren und die gehackten Kräuter darüber streuen. Mit Zitronensaft beträufeln und warm oder kalt servieren.
Die eingelegte Zitrone mit dem Salat anrichten.

HINWEIS: Eingelegte Zitronen sind ein wichtiger Bestandteil der marokkanischen Küche.

ZUBEREITUNG: Dünnhäutige unbehandelte Zitronen (Bio-Qualität) waschen, kreuzförmig an beiden Enden einschneiden und fast durchschneiden – die Teile sollen aber noch zusammenhängen. Eine tiefe Schüssel mit Meersalz ausstreuen, die Zitronen einlegen und mit einer Salzschicht bedecken. Mit soviel kaltem Wasser übergießen, bis die Zitronen bedeckt sind. Nach Belieben können noch Koriander-, Pfefferkörner oder auch Lorbeerblätter mit eingelegt werden. Etwas Olivenöl über die Zitronen gießen (wegen der Haltbarkeit) und die Zitronen kühl stellen. Einen Deckel auflegen. Nach etwa 2 Wochen sind die Zitronen gebrauchsfertig. Wichtig: Die Zitronen müssen vollständig von Salz und Wasser bedeckt sein. Kleinere Mengen können in Einmachgläsern konserviert werden.

Linsensalat, lauwarm
Salade de lentilles   Frankreich

1 Die Linsen kurz kalt überbrausen, abtropfen lassen. In der Brühe ca. 15–20 Minuten sanft kochen, probieren, sie dürfen nicht zu weich werden.
2 Abgießen und lauwarm abkühlen lassen, Rosinen unterheben.
3 Alle Zutaten für die Vinaigrette mit einem Schneebesen verrühren, mit den Linsen locker vermischen.
4 Teller mit Salatblättchen auslegen, den Linsensalat darauf häufen. Mit den Nüssen oder Pistazien bestreuen. Dazu Baguette servieren.

180 g kleine Linsen wie aus Le Puy, Château-Linsen oder Berglinsen (S. 39, 40) u. a.
400 ml Geflügel- oder Gemüsebrühe
3 EL Rosinen, eingeweicht und abgetropft

Vinaigrette:
2 EL Balsamico- oder Rotweinessig
1 TL Zitronensaft
1 TL trockener Wermut oder Noilly Prat (Vermouth aus Südfrankreich)
1 Schalotte, fein gehackt
Salz, Pfeffer, frisch gemahlen
4 EL Walnuss- oder Pistazienöl

Zum Anrichten:
einige Blättchen Rucola, Frisée und Pflücksalat, geputzt
2 EL Nusskerne oder Pistazien, ohne Fett angeröstet

Bohnen-Gurken-Salat

Griechenland

1 Die frischen Saubohnen mit Salzwasser bedeckt mit einer Prise Zucker bei mittlerer Hitzezufuhr ca. 15 Minuten garen, probieren. Abtropfen lassen.
2 Die Salatgurke waschen, nicht schälen, auf dem Gurkenhobel in feine Scheiben hobeln oder in kleine Würfel schneiden.
3 Den Weinessig in eine kleine Schüssel geben, die Gewürze darin auflösen, mit dem Olivenöl verquirlen und die Zwiebeln unterziehen.
4 Bohnen und Salatgurke in einer Schüssel vermischen, die Salatsauce darüber gießen und den Salat mindestens 30 Minuten durchziehen lassen. Mit frischem Dill bestreuen.
Mit Bauernbrot, Kalamata-Oliven und eiskaltem Ouzo servieren.

375–400 g frische Saubohnen (Dicke Bohnen), bereits enthülst und geschält
1 große Salatgurke, Bio-Qualität

Salatsauce:
3 EL Weißweinessig
Meersalz, Pfeffer, frisch gemahlen
1 Prise Zucker
4–5 EL griechisches Olivenöl, extra nativ
1 kleine Zwiebel, gehackt oder
2 Frühlingszwiebeln, in Ringe geschnitten
1 Bund Dill, fein gezupft

Käferbohnensalat

Österreich

200 g Feuerbohnen (Bunte Riesenbohnen)
50 g Ackersalat/Feldsalat,
in Österreich: Vogerlsalat
einige Blätter Eichblattsalat
einige Blätter Friséesalat,
nur die gelben Blättchen
1 große gekochte Salatkartoffel

Salatsauce:
2 EL Wein- oder Mostessig
Salz nach Geschmack
4 EL Kürbiskernöl

Zum Bestreuen:
Radieschenscheiben oder
Radieschensprossen

1 Die Bohnen über Nacht in kaltem Wasser einweichen. Am nächsten Tag mit frischem Wasser
weich kochen, anschließend gut abtropfen lassen.
2 Die verschiedenen Blattsalate putzen, waschen und in der Salatschleuder trocknen (ersatzweise in einem Sieb gut abtropfen lassen).
3 Die Kartoffel schälen, in kleine Würfel schneiden. Die Salatsauce anrühren. Alle Zutaten in
eine Salatschüssel füllen und mit der Salatsauce
beträufeln. Gut durchziehen lassen.
4 Vor dem Servieren mit den Radieschenscheiben oder Sprossen bestreuen.
Dazu passt Fladenbrot.

VARIANTE: Die Radieschen weglassen und statt-
dessen 2 fein gehackte Schalotten in die Salatsauce geben.

Käferbohnen werden die Feuerbohnen in Österreich genannt. Sie gelten vor allem in der
Steiermark als Spezialität. Zusammen mit dem dort gewonnenen Kürbiskernöl ergeben sie
eine wunderbare geschmackliche Liaison.

Käferbohnen-Salat Steiermark / Österreich ▶

Kichererbsensalat mit Klippfisch
Salada de grão-de-bico com bacalhau Portugal

6 Portionen

200 g Kichererbsen, Salz
250 g Klippfisch, Mittelstück,
in Stücke gebrochen
3 große festkochende Kartoffeln, geschält, gewürfelt
2 große Möhren, geputzt, gewürfelt
4 reife Tomaten, gehäutet, entkernt, gewürfelt
100 g grüne Oliven ohne Stein

Salatsauce:
100 g Salatmayonnaise
1 TL scharfer Senf
etwas Kochflüssigkeit

1 Kichererbsen über Nacht einweichen; Klippfisch ebenfalls über Nacht, besser noch 24
Stunden einweichen. Das Wasser öfter wechseln,
damit der Fisch gut entsalzt wird.
2 Kichererbsen mit etwas Salz in frischem
Wasser in 1 ½–2 Stunden garen. Erbsen abkühlen
lassen; zwischen den Händen reiben und die äußeren Häutchen entfernen.
3 Klippfischstücke in frischem Wasser rasch
zum Kochen bringen. Hitze reduzieren und den
Fisch ca. 30 Minuten köcheln. Abgießen, Haut
und Gräten entfernen und das Fleisch in Stückchen zupfen.
4 Kartoffel- und Möhrenwürfel separat knackig
garen. Alles abkühlen lassen.
5 Mayonnaise mit Senf verrühren, evtl. noch
etwas Kochflüssigkeit vom Fisch einrühren,
damit die Sauce sämig wird. Alle Zutaten – auch
die Tomatenwürfel und Oliven – in einer Schüssel gut vermischen und ca. 1 Stunde durchziehen
lassen.

Die Kombination von Kichererbsen und Klippfisch hat auf der Iberischen Halbinsel eine lange
Tradition. In Spanien gibt es ein Fastengericht, Seite 126, und das oben stehende Rezept
stammt aus Portugal, wird aber in ähnlicher Form auch in Brasilien zubereitet.
Bacalhau (span. bacalao) ist meist getrockneter Kabeljau, der eingesalzen wird (Klippfisch);
nur getrocknet heißt er Stockfisch. Ein Mittelstück vorziehen – es hat gleichmäßig dickes
Fleisch!

Kichererbsen in Marinade
Garbanzos a vinagreta Spanien

1 Die eingeweichten Kichererbsen abtropfen lassen. Mit dem Schinkenknochen und dem Lorbeerblatt mit genügend Wasser rasch zum Kochen bringen. Hitze reduzieren, Kichererbsen bei halb aufgelegtem Deckel in ca. 1 ¼ Stunden nicht zu weich kochen. Aufsteigenden Schaum abschöpfen.

2 Schinkenknochen und Lorbeerblatt aus dem Topf nehmen, Kichererbsen durch ein Sieb abgießen, Flüssigkeit auffangen.

3 In einer Schüssel Salz und Pfeffer mit dem Eigelb zerdrücken. Knoblauch dazupressen, Zwiebel und Petersilie sowie Essig und Zitronensaft einrühren. Abschmecken und evtl. noch etwas Salz zugeben. Dann das Olivenöl mit dem Schneebesen unterschlagen. Sollte die Sauce nicht sämig genug sein, noch etwas Kochflüssigkeit unterrühren.

4 Tomatenwürfel und kleine Kapern und die noch warmen Kichererbsen in die Sauce geben und in der Sauce auskühlen lassen. Kapernäpfel locker über den Salat streuen. Den Salat zimmerwarm mit gerösteten Weißbrotscheiben servieren.

300 g Kichererbsen, über Nacht eingeweicht
1 Schinkenknochen
1 Lorbeerblatt

Vinaigrette:
Salz, Pfeffer, frisch gemahlen
1 Eigelb, hart gekocht
2 Knoblauchzehen
1 Zwiebel, feinst gehackt
1 EL glattblättrige Petersilie, Blättchen gehackt
2–3 EL Weinessig und 1 EL Zitronensaft
4 EL Olivenöl extra nativ

Weitere Zutaten:
1 Fleischtomate, gehäutet, entkernt, gehackt
2 EL kleine, in Essig eingelegte Kapern und einige Kapernäpfel mit Stiel

In Spanien ein beliebtes Tapa-Gericht! Es wird in ähnlicher Form auch in Südfrankreich zum Aperitif gereicht.

Frittierte Tofuwürfel im Salatbett
Tahu goreng kacang   Indonesien

4–6 Portionen

250 g frische Soja- oder
Mungbohnensprossen
250 g Tempeh (siehe Seite 32)
oder fester Tofu
Erdnussöl zum Frittieren
80 g frische Erdnüsse, geschält

Salatsauce:
½ TL trasi*
(getrocknete Garnelenpaste)
2 Knoblauchzehen, geschält,
grob gehackt
2 rote Chilischoten, entkernt,
gehackt
1 EL dunkle Sojasauce
2 EL Tamarindensaft oder
ersatzweise Weinessig,
vermischt mit Zitronensaft
2 TL Palmzucker oder
brauner Zucker
ca. 100–120 ml Kokosmilch
(Dose)

Für das Rohkostbett:
250 g Weißkohl- oder Salatgurkenstreifen
1 kleine Möhre, Schale abge-
schabt, grob geraspelt
4 Frühlingszwiebeln mit Grün,
in schmale Ringe geschnitten

1 Soja- oder Mungbohnensprossen in einem
Sieb ca. 30 Sekunden in kochendes Wasser halten, anschließend gut abtropfen lassen.
2 Tofu in mundgerechte Würfel oder Dreiecke
schneiden und trocken tupfen. Öl in einer tiefen
Pfanne oder in einem Wok bis zum Rauchpunkt
erhitzen. Tofuwürfel in Portionen einlegen und
jeweils in 4–5 Minuten goldbraun ausbacken, auf
Küchenkrepp entfetten.
3 Erdnüsse ins heiße Öl geben, unter Schwenken ca. 3 Minuten anrösten. Auf Küchenkrepp
geben und abkühlen lassen. Dann die braunen
Häutchen abreiben und die Erdnüsse grob zerstoßen.
4 Für die Sauce das Öl bis auf 1 Esslöffel aus der
Pfanne gießen, trasi zugeben und etwas platt
drücken. Zusammen mit dem Knoblauch bei
geringer Hitzezufuhr anbraten. Nach und nach
alle anderen Saucenzutaten unterrühren bis eine
sämige Sauce entsteht.
5 Weißkohl- oder Salatgurkenstreifen und
Möhrenraspel auf einer Servierplatte auslegen,
die Tofuwürfel darauf betten und mit der Sauce
überziehen. Frühlingszwiebeln und Erdnüsse
darüber streuen.

* Diese Produkte sind in asiatischen Geschäften (indische
oder thailändische) erhältlich. Gibt es weder Zitronengras noch Kaffirlimettenblätter noch Limetten, so kann
man ersatzweise eine Mischung aus eingelegtem Ingwer,
Pfeffer und Zitronensaft verwenden.

Indonesischer Bohnensalat
Urap   Indonesien

1 Bohnen putzen, in ca. 3 cm lange Stücke schneiden und in kochendem Salzwasser ca. 4 Minuten blanchieren. In Eiswasser abkühlen und in einem Sieb abtropfen lassen.

2 Bambusschössling in Scheiben schneiden, die Spinatblätter entstielen und 1 Minute blanchieren.

3 Kohl in Streifen schneiden, 1 Minute blanchieren, abtropfen lassen oder Kresse von den harten Stielen befreien, Blättchen in kochendem Wasser ½ Minute blanchieren, abtropfen lassen, dann mundgerecht zerschneiden.

4 Mungbohnensprossen nur ganz kurz in einem Sieb in kochendes Wasser tauchen, abtropfen lassen. Alle Gemüse zusätzlich trocken tupfen, in einer Schüssel leicht vermischen.
Trasi in einer trockenen, beschichteten Pfanne etwas zerdrücken und vorsichtig anrösten. Mit allen anderen Saucenzutaten entweder im Mixer pürieren oder in einem Mörser zu einer cremigen Salatsauce verarbeiten. Über den Salat geben und mit zwei Gabeln vorsichtig vermischen.

5 Zwiebeln oder Schalotten in feine Ringe schneiden und im auf 165 °C erhitzten Öl in einer Fritteuse in ca. 5 Minuten knusprig ausbacken. (Die Temperatur ist richtig, wenn ein Brotwürfel in 1 ½ Minuten gebräunt ist.) Einfacher ist die Verwendung von Zwiebelflocken aus dem Glas, die nur kurz im heißen Öl frittiert werden und dann auf Küchenkrepp abtropfen.

6 Den Salat auf einer mit frischen Bananenblättern (erhältlich im Asialaden) ausgelegten Platte anrichten. Mit den Zwiebelringen bestreuen. Nach Belieben Sojasauce dazustellen.

4–6 Portionen

150 g Spargelbohnen oder Grüne Bohnen
1 Bambusschössling oder
250 g kleine Spinatblätter
150 g Weißkohl oder
1 Bund Wasserkresse
150 g frische Mungbohnensprossen

Salatsauce:
½ TL trasi*
(getrocknete Garnelenpaste)
2 Knoblauchzehen, geschält, grob zerteilt
1 rote Chilischote, entkernt, grob geschnitten
1 TL frisch geriebener Ingwer oder Galangawurzel*
1 Stängel Zitronengras*, äußere Hüllblätter entfernt, Inneres grob geschnitten
oder 3 Kaffirlimettenblätter*, Mittelrippe entfernt
½ TL Salz, 1 TL Palmzucker oder brauner Zucker
3 EL Kokosflocken, frisch gerieben oder getrocknet
Saft von ½ Limette oder Zitrone
2 EL Erdnussöl

Nach Belieben:
schwarzer Pfeffer, frisch gemahlen

Garnitur:
2 EL Zwiebel- oder Schalottenringe oder frittierte Zwiebelflocken (Glas)
Erdnussöl
Sojasauce

* siehe dazu Fußnote auf Seite 72

Beilagen & Kleine Gerichte

Currylinsen

Beilage für 5–6 Portionen

200 g Grüne Linsen (Tellerlinsen)
1 Möhre, geputzt, halbiert
1 kleine Zwiebel, abgezogen, mit
1 Nelke gespickt
1 Knoblauchzehe, ungeschält, flach
gedrückt
1 Bouquet garni: 1 Lorbeerblatt,
1 Zweig Thymian, 2 Stängel Petersilie
Salz

Currycreme:

1 Möhre, geputzt
2 Schalotten, abgezogen
10 g frische Ingwerwurzel
1–2 EL Sonnenblumen- oder
Erdnussöl
1 TL Currypulver – oder mehr,
je nach Schärfegrad
¼ TL Kurkuma (Gelbwurz)
je 75 ml lauwarmes Wasser und
Sahne/Rahm

1 Linsen mit der Möhre, der gespickten Zwiebel, der Knoblauchzehe sowie dem Bouquet garni mit Wasser bedeckt etwa 20 Minuten köcheln, salzen, dann abgießen.
2 Für die Currycreme die Möhre schälen und in sehr kleine Würfel (Brunoise) schneiden. Die Schalotten fein hacken. Ingwer schälen, entweder fein reiben oder auch fein hacken. Alles im erhitzten Öl anschwitzen, mit dem Curry und Kurkuma überstäuben, mit Wasser und Sahne angießen. Unter gelegentlichem Umrühren ca. 20 Minuten sanft köcheln. Nach Bedarf noch etwas Flüssigkeit zugießen.
3 Aus den abgegossenen Linsen das Gemüse entfernen. Linsen unter die Currycreme heben und noch 5 Minuten ziehen lassen.

Die Currylinsen sind zusammen mit Reis und evtl. einem Salat eine kleine, feine Mahlzeit. Als Beilage passen sie zu gegrilltem Geflügel, Lamm, Fisch und Garnelen.
Suppe: Mit Geflügel- oder Gemüsebrühe verdünnen und pürieren. Mit frischem Korianderkraut bestreuen.

Die Bezeichnung »Curry« wurde von den Engländern kreiert. Das Wort ist eine Anglisierung des südindischen »Karie«, was so viel wie Sauce bedeutet. Die Gewürzmischung wird in Indien Masala genannt. Jede Hausfrau hat ihre eigenen Mischungen, die je nach Bedarf und Gericht meist frisch zubereitet werden.

Rahm-/Sahnelinsen

1 Die Linsen wie auf Seite 45 angegeben garen, in ein Sieb schütten und mit kaltem Wasser überbrausen. Gut abtropfen lassen.

2 Butter zerlassen, die Schalotten darin hell anschwitzen. Die Linsen zugeben, unter Rühren 2–3 Minuten andünsten.

3 Mit Weißwein oder Noilly Prat sowie Sahne aufgießen und kochen, bis die Flüssigkeit sämig ist. Mit Fleur de sel, Pfeffer und Schnittlauch würzen und mit Balsamico abschmecken.

siehe Seite 40

Beilage für 4 Portionen

150 g Troja- oder Pardina-Linsen, siehe Seite 40
20 g Butter
4 Schalotten, fein gehackt
50 ml trockener Weißwein
(z. B. Sauvignon blanc) oder Noilly Prat (südfranzösischer Vermouth)
200 ml flüssige Sahne/Rahm
Fleur de sel (feinstes Meersalz)
weißer Pfeffer, frisch gemahlen
einige Stängel Schnittlauch, fein geschnitten
1 TL weißer Balsamico (Balsamessig)

Sahnelinsen passen sehr gut zu kurz gebratenem Fleisch oder Fisch. Grundlage für eine Linsencremesuppe: Zusätzlich zur Sahne noch 500 ml Hühner- oder Gemüsebrühe angießen und die Linsen mit einem Pürierstab zerkleinern. Als Einlage eignen sich gebratene Garnelen.

Rote Sahnelinsen

1 Die Linsen mit kaltem Wasser überbrausen und abtropfen lassen.

2 Speckwürfel in Butter glasig braten, Schalotten zugeben und mit anschwitzen. Die Linsen einrühren, mit Balsamicoessig oder Cidre ablöschen und die Brühe zugießen. Rasch aufkochen, Hitze reduzieren und die Linsen 8–10 Minuten köcheln. Öfter umrühren, damit sie nicht ansetzen; probieren.

3 Sahne zugeben, gehackte Kräuter unterheben, Flüssigkeit nach Geschmack noch etwas einkochen und servieren.

TIPP: Dieses Linsengericht passt als Beilage zu Geflügel- und Wildgerichten, zu Maultaschen und zu Fisch.

Beilage für 4–5 Portionen

300 g Rote Linsen
50 g kleine Speckwürfel
30 g Butter
2 Schalotten, fein gehackt
4 cl Balsamico-Essig oder Cidre (Apfelwein)
250 ml Gemüse- oder Rindfleischbrühe
100 ml Sahne/Rahm
einige Stängel glattblättrige Petersilie oder Kerbel, Blättchen gehackt

Schwäbische Linsen

Beilage für 4–6 Portionen

300 g Braune Linsen (Tellerlinsen),
je nach Ernte eingeweicht oder nur
kurz mit Wasser überbraust
2 Lorbeerblätter
1 Zwiebel, fein gehackt
1 Möhre, fein gewürfelt
¼ Stange Lauch, fein gehackt

Einbrenne/Schwitze:

40 g durchwachsener Speck
1 EL Butterschmalz (eingesottene
Butter) oder Sonnenblumenöl
2 EL Mehl
½ Bund Petersilie, Blättchen fein
gehackt
¼ l gut gewürzte Fleischbrühe und
evtl. etwas Linsenkochwasser
4 EL Rotweinessig – oder mehr,
je nach Geschmack
oder Mischung aus Rotweinessig
und Balsamico
gekörnte Brühe oder Salz, Pfeffer,
frisch gemahlen
oder Mehlbutter aus 2 EL Mehl und
2 EL Butter zum Binden des Linsen-
gemüses

1 Die Linsen mit den Lorbeerblättern mit Wasser bedeckt zum Kochen bringen. Hitze reduzieren und die Linsen bei halb aufgelegtem Deckel 25–40 Minuten garen. Probieren! Junge Linsen sind relativ schnell gar – sie dürfen nicht zerfallen! In den letzten 10 Minuten das Gemüse mitgaren. Lorbeerblätter entfernen und die Linsen abgießen, Flüssigkeit aufheben.

2 Den Speck fein würfeln und mit dem Butterschmalz oder im Öl anbraten. Mehl darin hell oder braun anschwitzen (je nach Geschmack). Mit wenig Fleischbrühe oder evtl. Linsenkochwasser unter Rühren aufgießen und ca. 5 Minuten durchkochen. Die abgetropften Linsen zugeben, mit der restlichen Fleischbrühe aufgießen und aufkochen. Hitze reduzieren, den Essig einrühren und mit den Gewürzen kräftig abschmecken. Nach Geschmack noch mehr Essig zugeben oder mit Mehlbutter nachbinden. Beilagen: Gekochte Spätzle, mit in Butter gebräunten Semmelbröseln abgeschmälzt sowie pro Person 1 Paar Saiten- oder Frankfurter Würstchen.

VARIANTEN: Weniger Fleischbrühe zugießen, dafür Rotwein verwenden.
Im Linsentopf noch ein Stück Rauchfleisch mitkochen und dieses zu den Linsen aufschneiden.
Die Linsen statt mit Mehlbutter mit in Rotwein angerührter Speisestärke binden.

Weiße Bohnen, Bretagne-Art
Haricots blancs à la Bretonne

1 Bohnen mit der gespickten Zwiebel und dem Bouquet garni mit Wasser bedeckt zum Kochen bringen. Hitze reduzieren, Schalotten und Salz zugeben und die Bohnen ca. 1 Stunde garen. Coco-Bohnen benötigen nur ca. 30 Minuten Garzeit. Bohnen in ein Sieb geben.

2 Bohnen abtropfen lassen, Bouquet garni, Zwiebel und Schalotten entfernen.

3 Butter zerlaufen, aber nicht braun werden lassen und die Zwiebel darin anschwitzen. Tomaten einrühren, Knoblauch dazupressen, alles ca. 10 Minuten schmoren.

4 Die Bohnen unterrühren, mit Pfeffer und Thymian würzen und mit dem Alkohol abrunden.

VARIANTE: Die gehackten Tomaten mit den Bohnen mitkochen.

TIPP: Bohnengemüse zu Lammfleisch servieren.

Beilage für 6 Portionen

500 g frische Weiße Bohnen –
original: Coco-Bohnen
1 Zwiebel, geschält, gespickt mit
2 Nelken
1 Bouquet garni: 1 Lorbeerblatt,
je 2 Stängel Petersilie und Bohnenkraut, zusammengebunden
2 Schalotten, halbiert, 1 Prise Salz

Weitere Zutaten:
2 EL Butter
1 Zwiebel, gehackt
2 Tomaten, gehäutet, entkernt, gehackt
1–2 Knoblauchzehen
Pfeffer, frisch gemahlen
1 TL frische Thymianblättchen
evtl. 1 Gläschen Lambig, ersatzweise Calvados (Apfelschnaps)

Coco-Bohnen werden vorzugsweise in der Bretagne, im Westen Frankreichs, angebaut. In der Saison sind in Spezialgeschäften auch die grünen Hülsen erhältlich. Die frisch enthülsten perlmuttfarbenen Bohnenkerne werden nicht eingeweicht und garen sehr schnell. Da Coco-Bohnen von Hand geerntet werden, sind sie relativ teuer.

Gemischtes Bohnengemüse
Haricots panachés Frankreich

Das gemischte Bohnengemüse ist in Frankreich eine sehr beliebte Beilage zu Fleischgerichten.

Beilage für 6–8 Portionen

400 g getrocknete Flageoletbohnen
1 Zwiebel, geschält, gespickt mit
1 Nelke
1 Bouquet garni: 3 Stängel Petersilie, 1 Lorbeerblatt,
1 Stängel Thymian
1 Knoblauchzehe
2 Möhren, geschält, halbiert
300 g Grüne Bohnen, geputzt
oder Kaiserschoten (Kefen), ab-
gefädelt
60 g Butter
Salz, Pfeffer, frisch gemahlen

1 Bohnen unter fließendem kaltem Wasser wa-schen, mit kaltem Wasser bedeckt in einem Topf langsam zum Kochen bringen. Topfdeckel halb auflegen, Hitzezufuhr reduzieren und die Boh-nen nach 20 Minuten von der Kochstelle nehmen und abkühlen lassen.
2 Bohnen abtropfen lassen. Erneut in den Topf geben, mit kochendem Wasser bedecken. Ge-spickte Zwiebel, Bouquet garni, Knoblauch und Möhren zugeben. Zum Kochen bringen, Hitze re-duzieren und alles etwa 25–30 Minuten köcheln lassen.
3 Die geputzten Grünen Bohnen in einem zwei-ten Topf in leicht gesalzenem Wasser 15–20 Minu-ten garen, abtropfen lassen. Kaiserschoten nur 5 Minuten blanchieren.
4 Flageoletbohnen abgießen, alle Einlagen außer den Möhren entfernen. Butter in einem Topf schmelzen, Bohnenkerne und Grüne Boh-nen oder Kaiserschoten sowie die Möhren ca. 5 Minuten darin schwenken, mit Salz und Pfeffer würzen.

TIPP: Zu diesem Bohnengemüse passt beson-ders gut Lamm oder Fleisch vom Grill.

Gemischtes Bohnengemüse, Frankreich ▶

Salpiquet von Weißen Bohnen
Salpiquet d' haricots blancs   Frankreich

Beilage für 4–6 Portionen

600 g Weiße Bohnen, in der
Saison frisch, sonst getrocknet –
dann nur 400 g
1 Bouquet garni: 1 Lorbeerblatt,
1 Thymianzweig, 1 kleiner Zweig
Salbei und 3 Petersilienstängel

Weitere Zutaten:
2 EL Olivenöl extra nativ
200 g durchwachsener Speck,
in Streifen geschnitten
3–4 Knoblauchzehen, fein gehackt
2 reife Fleischtomaten, gehäutet,
entkernt, Fruchtfleisch in Würfel
geschnitten
1 Bund glatte Petersilie, Blättchen
fein geschnitten
Meersalz und Pfeffer, frisch
gemahlen

1 In einem großen Topf die Bohnen mit dem Bouquet garni mit Wasser bedeckt zum Kochen bringen. Die Hitzezufuhr auf mittlere Stufe reduzieren. Frische Bohnen ca. 30 Minuten, Trockenbohnen 50–60 Minuten kochen. Probieren, die Bohnen sollten nicht zu weich werden. Bouquet garni entfernen und die Bohnen in einem Sieb abtropfen lassen.
2 Das Olivenöl in einem Schmortopf erhitzen, Speckstreifen und Knoblauch darin goldgelb anschwitzen. Die Tomatenwürfel, gehackte Petersilie und die Bohnen zugeben und gut vermischen. Mit Salz und Pfeffer abschmecken.
Dazu passen kleine Pellkartoffeln und gegrillte Wurst.

HINWEIS: 1000 g frische Dicke Bohnen in der Hülse ergeben, enthülst und geschält (Häutchen abgezogen) etwa 400 g Bohnen-Reingewicht.

Dieses Rezept stammt aus Katalonien, jedoch nicht von der spanischen, sondern von der französischen Seite. Die Bezeichnung »Salpiquet«, eigentlich »Saupiquet«, ist ein Küchenbegriff aus alten Zeiten. Ursprünglich bedeutet er, dass Wild oder gegrillte Ente in einer gut gewürzten Weinsauce, gebunden mit Blut, serviert wurden. Heute bezeichnet der Name meist ein Gericht aus poelierten (hellbraun gedünsteten) Schinkenscheiben mit einer Sauce, die z. B. Estragon enthalten kann.

Bohnen nach Salamanca Art

Habas a la Salmantina Spanien

1 Die Dicken Bohnen aus den Hülsen lösen und die Häutchen entfernen.

2 Olivenöl in einer Kasserolle erhitzen, Zwiebelwürfel und Knoblauchscheiben darin hell anschwitzen. Wurstscheiben und Schinkenstreifen zugeben und 1 bis 2 Minuten mitbraten.

3 Die Dicken Bohnen, Möhrenscheiben und Kartoffeln unterrühren, Gewürze zugeben und alles gut vermischen. Mit soviel kaltem Wasser aufgießen, bis die Zutaten bedeckt sind. Aufkochen, dann die Hitzezufuhr auf kleine Stufe zurückstellen und die Kasserolle zudecken. Das Gericht etwa 30 Minuten köcheln.

4 Den Deckel entfernen und die »Habas« weiter 30 Minuten unter gelegentlichem Umrühren garen. Abschmecken, evtl. nachwürzen. Dazu gibt es knuspriges Landbrot und »Vino tinto«, roten spanischen Landwein.

VARIANTE: 10 Minuten vor Ende der Garzeit noch eine Chilischote mitkochen. Achtung: Je länger Chili mitkocht, desto schärfer wird das Gericht!

4–6 Portionen

800–1 000 g frische junge Dicke Bohnen in der Hülse, ersatzweise Dicke Bohnen, TK-Ware
3–4 EL spanisches Olivenöl extra nativ
1 mittelgroße Zwiebel, fein gehackt
4 Knoblauchzehen, in feine Scheiben geschnitten
150 g Chorizo, Seite 82, oder Salchichón (Schweinswurst aus León), ersatzweise eine andere gut gewürzte Schweinswurst (mit Paprika und Knoblauch), in Scheiben geschnitten
100 g Serrano-Schinken (Jamón Serrano*), in feine Streifen geschnitten
200 g Möhren, geputzt, in dünne Scheiben geschnitten
300 g festkochende Kartoffeln, geschält, gewürfelt oder kleine Kartoffeln wie Bamberger Hörnchen
1 Gewürznelke
knapp 2 TL mildes Paprikapulver
Salz und Pfeffer, frisch gemahlen

* Jamón Serrano ist luftgetrockneter Hinterschinken (Rohschinken) von verschiedenen Schweinerassen. Noch köstlicher, aber leider sehr teuer, ist der Jamón Jabugo, der von den Schweinen der Rasse »Pata Negra« (Schwarze Füße) stammt.

Die alte Universitätsstadt Salamanca liegt in der Provinz León, im Nordwesten Spaniens. Im Westen liegt Portugal, im Süden schließt sich die Extremadura an und im Osten Altkastilien. León ist ein Agrarland; auf den weiten Feldern werden u. a. auch Bohnen und Kichererbsen angebaut. In Spanien werden die Gerichte oft mit einer Stadt assoziiert, so auch bei diesem Rezept.

Kichererbsen, Katalanische Art
Pois chiches à la catalane Frankreich

4–6 Portionen

250 g Kichererbsen, über Nacht
eingeweicht
oder 2 Dosen Kichererbsen,
Abtropfgewicht je ca. 250 g
2 EL Olivenöl
1–2 Knoblauchzehen, gehackt
Salz
2 EL Tomatenmark
100 g durchwachsener Speck,
gewürfelt
12 Scheiben gut gewürzte
Knoblauchwurst (Chorizo*)
Pfeffer, frisch gemahlen nach
Geschmack

1 Die eingeweichten Kichererbsen durch
ein Sieb abgießen und abtropfen lassen. Mit
frischem Wasser aufsetzen und bei halb aufgelegtem Deckel ca. 45–60 Minuten kochen.
Öfter abschäumen. Kichererbsen aus der Dose in
einem Sieb mit kaltem Wasser überbrausen und
gut abtropfen lassen.
2 Olivenöl erhitzen, Knoblauch darin anschwitzen, Kichererbsen unter Rühren zugeben. Tomatenmark, Speckwürfel und Wurstscheiben mit
den Kichererbsen vermischen und das Gericht
weitere 30 Minuten sanft kochen, bis die Sauce
eindickt.
Dazu passt leicht geröstetes Brot, mit etwas
Knoblauch eingerieben.

* Die rot- bis dunkelrote Chorizo ist eine luftgetrocknete,
halbfeste Wurst aus Spanien, meist aus Schweinefleisch
hergestellt, die sehr scharf sein kann. Ähnliche Würste
gibt es in Italien (Salsicce) und in Portugal (Lingüiça).

Dieses französische Rezept wird auf der anderen Seite der Grenze, in Spanien, mit großen
weißen Dicken Bohnen zubereitet. Dann das Tomatenmark weglassen, etwa 100 ml Flüssigkeit
durch Weißwein ersetzen. Kurz vor Ende der Garzeit gehackte Minze unterziehen. Das Gericht
heißt dann »Habas a la catalana«.

Pois chiches à la catalane, Roussillon / Frankreich ▶

Gebackene Bohnen, Bostoner Art
Boston baked beans USA

6 Portionen

500 g kleine Weiße Bohnen, über Nacht eingeweicht
125 g Dörrfleisch oder gesalzenes Schweinefleisch
125 g gepökeltes Rippchen oder durchwachsener Speck
1 Gemüsezwiebel, gehackt

Gewürzmischung:
je 1 TL Senfpulver und Salz
Pfeffer, frisch gemahlen, Menge nach Geschmack
3 EL brauner Zucker
6 EL Ahornsirup oder Melasse
2 EL Rotweinessig oder Rum

Zum Garnieren:
6 Scheiben Bacon oder Frühstücksspeck
etwas Ahornsirup zum Beträufeln

1 Die eingeweichten Bohnen abgießen und mit frischem Wasser aufsetzen. Zum Kochen bringen, ca. 15 Minuten kochen, durch ein Sieb abgießen und ¼ Liter Kochflüssigkeit aufbewahren.
2 Das Fleisch in kurze Scheiben schneiden und den Boden einer ofenfesten Form damit belegen. Darüber die vorgegarten Bohnen, dann gehackte Zwiebeln, darauf Fleisch- und Speckscheiben schichten und so weiter verfahren, bis die Zutaten aufgebraucht sind.
3 Alle Zutaten für die Gewürzmischung mit dem Kochwasser verrühren, über den Eintopf gießen und einen Deckel auflegen. Das Gericht im vorgeheizten Backofen bei 150 °C ca. 4 Stunden garen. Sollten die Bohnen zu trocken werden, etwas Wasser zugießen; das Gericht soll jedoch nicht suppig werden.
4 Etwa 45 Minuten vor Ende der Garzeit einige dünne Scheiben Bacon auf den Eintopf legen und etwas Ahornsirup darauf träufeln. Die Backofenhitze auf 120 °C zurückschalten und die Bohnen weitergaren.

In Massachusetts , woher das Gericht stammt, wird traditionell warmes »Boston brown bread« dazu gegessen. Das Brot wird aus einer Mischung von Weizen-, Roggen- und Maismehl, unter Zusatz von Buttermilch, Natron und Melasse gebacken.

Augenbohnen
Black eyed peas/beans USA

1 Die Bohnen mit reichlich kaltem Wasser zum Kochen bringen. 1–2 Minuten sprudelnd kochen, Topf von der Kochstelle nehmen und die Bohnen ohne Deckel etwa eine Stunde quellen lassen.
2 Bohnen wieder auf die Kochstelle setzen, mit Schweinefleisch oder Schinkenknochen zum Kochen bringen, Hitze reduzieren und die Bohnen ca. 50 Minuten sanft köcheln. Probieren, evtl. noch 10 Minuten weiter garen.
3 Fleisch oder Schinkenknochen aus dem Topf nehmen; Fleisch in Würfel schneiden, vom Schinkenknochen das anhaftende Fleisch lösen. Zu den Bohnen geben; mit Salz, Pfeffer und Tabasco oder Chili herzhaft abschmecken.

Beilage für 6 Portionen

500 g Augenbohren
500 g gepökeltes Schweinefleisch
oder 1 Schinkenknochen
Salz, Pfeffer, frisch gemahlen
Tabascosauce oder Chilipulver oder Chiliflocken nach
Geschmack

Zu Kohlgemüse mit Speckwürfeln, mit Essig abgeschmeckt, und Maisbrot servieren. Schmeckt auch aufgewärmt!

Braune süße Bohnen
Bruna Bönor Skandinavien

1 Bohnen unter fließendem kalten Wasser waschen. Mit der angegebenen Wassermenge zum Kochen bringen, von der Kochstelle nehmen, den Deckel entfernen und die Bohnen ca. 1 Stunde quellen lassen.
2 Mit demselben Wasser wieder auf die Kochstelle setzen, rasch zum Kochen bringen; Hitze reduzieren und die Bohnen bei halb aufgelegtem Topfdeckel ca. 1 Stunde köcheln.
3 Zucker und Salz mit dem Essig und der Melasse verrühren, Mischung zu den Bohnen gießen und noch ca. 1 Stunde sanft kochen. Probieren.
4 Wenn die Sauce dick und braun ist, die Bohnen in eine Servierschüssel füllen.

Beilage für 4–5 Portionen

400 g Weiße Bohnen
800–900 ml Wasser
1 EL Zucker
1 ½ TL Salz
60 ml heller Weinessig
60 ml Melasse oder
Zuckerrübensirup

In Skandinavien werden braune süße Bohnen zu Kochwürsten, gekochtem durchwachsenem Bauchspeck oder Rippchen und Kartoffeln serviert.

Schwarze Bohnen, Santa Fe Art
Santa Fe black beans USA/Mexiko

Beilage für 6–8 Portionen

625 g Schwarze Bohnen
1 kleine weiße Zwiebel, fein
gehackt
1 kleine rote oder grüne
Paprikaschote (Peperoni),
entkernt, gehackt
2 frische Chilischoten, original:
Chile jalapeño*, entkernt,
gehackt
1 kleines Lorbeerblatt
½ TL Kreuzkümmel, gemahlen
2 unbehandelte Zitronen oder
Limetten
evtl. 1 frische Chilischote,
original: Chile serrano*,
entkernt, gehackt
Salz nach Geschmack

1 Die Bohnen verlesen, nicht einweichen. Unter fließendem kalten Wasser so lange abspülen, bis das ablaufende Wasser klar bleibt.
2 Alle Zutaten – außer Salz – in einem Topf mit Wasser bedeckt rasch zum Kochen bringen. Hitze reduzieren und die Bohnen im offenen Topf ca. 1 ½ bis 1 3/4 Stunden köcheln. Probieren, ob sie weich sind, die äußere Hülle soll erhalten bleiben; jetzt erst salzen, wird früher Salz beigefügt, werden die Bohnen zäh.

Dazu passt Rührei, gewürzt mit Chili, gehackter Zwiebel und Korianderkraut oder Epazote (siehe Seite 89) oder gebratenes Dörrfleisch.

TIPP: Mit Flüssigkeit bedeckt können die abgekühlten Bohnen bis zu fünf Tage im Kühlschrank in einem gut schließenden Behälter aufbewahrt werden. Die Bohnen eignen sich auch zum Einfrieren; nach dem Auftauen sind sie zarter in ihrer Textur.

*Chile jalapeño gibt es in verschiedenen Farben; der Geschmack ist frisch-pikant. Chile serrano ist samenreich und hat verschiedene Formen; es gibt ihn das ganze Jahr über frisch zu kaufen – scharf!

Santa Fe ist eine Stadt, in der mexikanische und indianische Einflüsse eine wunderbare Verbindung eingegangen sind. Sie ist ebenso ein Kunstzentrum wie ein kulinarisches »Eldorado« in einem der schönsten Landesteile der USA (New Mexico).

Schwarze Bohnen, Santa Fe Art / USA ▶

Bohnen, Brasilianische Art
Feijão caseiro   Brasilien

4–6 Portionen

500 g Schwarze oder
Braune Bohnen
2 EL Soja- oder Erdnussöl
2 Zwiebeln, gehackt
2 Knoblauchzehen, fein gehackt
2 Gemüsebrühwürfel oder Salz
½ TL Kreuzkümmel, gemahlen
500 g Schweinebraten (Keule)
evtl. 2 EL Speisestärke zum Binden

1 Die Bohnen verlesen, über Nacht in reichlich Wasser einweichen. Bohnen, die am nächsten Tag an der Oberfläche schwimmen, wegwerfen.
2 Öl erhitzen, Zwiebeln und Knoblauch darin anschwitzen. Die Bohnen mit dem Einweichwasser zugeben, falls nötig noch etwas frisches Wasser zugießen, die Bohnen sollen gut bedeckt sein. Würzen und das Fleisch einlegen.
3 Bohnentopf rasch zum Kochen bringen, Hitze reduzieren und die Bohnen bei halb aufgelegtem Deckel in ca. 1 ½ bis 2 Stunden sanft garen, Schaum abschöpfen, nicht umrühren. Falls nötig, noch etwas Flüssigkeit zugeben.
4 Bohnen probieren; sind sie weich, das Fleisch aus dem Topf nehmen und in Würfel schneiden. Falls gewünscht, die Bohnen mit etwas angerührter Speisestärke binden.
Oder 1 Tasse Bohnen aus dem Topf nehmen, mit einer Gabel zerdrücken und wieder in den Topf einrühren.
5 Die Bohnen mit dem Fleisch anrichten. Dazu passt weißer Reis.

HINWEIS: Dieses Bohnengericht begleitet in Brasilien fast jedes Essen. Es köchelt stundenlang auf dem Herd und kann jederzeit serviert werden. Der Schweinebraten wird oft durch Speck oder gesalzenen Schweinebauch ersetzt. Die Bohnen werden aus großen Säcken verkauft, deshalb muss man sie vor dem Kochen verlesen. Diese Arbeit entfällt bei erstklassiger Qualität.

Bohnen aus dem Tontopf
Frijoles de la olla   Mexiko

1 Die Bohnen in einem Sieb unter fließendem kalten Wasser abspülen. Danach 3 Stunden in lauwarmem Wasser einweichen. Bohnenkerne, die an der Oberfläche schwimmen, wegwerfen. Bohnen in ein Sieb abgießen.

2 Knapp 4 Liter Wasser in einem Topf – original im Tontopf, der »olla« – zum Kochen bringen. Bohnen, Zwiebeln, Knoblauch und Schmalz zugeben. Die Hitze reduzieren und die Bohnen ca. 1 ½ Stunden garen. Nach 1 Stunde salzen. Darauf achten, dass die Bohnen immer von Flüssigkeit bedeckt sind und der Deckel gut aufliegt.

3 Wenn die Bohnen weich sind, gehackte Chilischoten und Kräuter unterrühren und die Bohnen noch 30 Minuten auf ganz kleiner Flamme köcheln.

TIPP: Zum Binden etwa 1 Tasse Bohnen entnehmen, mit etwas Flüssigkeit pürieren, wieder in den Topf geben.

6–8 Portionen

600 g Schwarze Bohnen oder Wachtelbohnen
2 Zwiebeln oder 1 Gemüsezwiebel, halbiert bzw. geviertelt
2 Knoblauchzehen, fein gehackt
4 EL Schweineschmalz
Salz
3 Chilischoten, original: Chile serrano, entkernt, fein gehackt
1 Stängel Epazote* oder Zitronenmelisse
oder ½ Bund frischer Koriander, Blättchen gehackt

*Epazote ist mexikanisches Teekraut, das man in Spezialgeschäften kaufen kann. Es kann durch Zitronenmelisse ersetzt werden.

Der Tontopf ist in Mexiko – wie in vielen Gegenden Mittel- und Südamerikas – ein fester Bestandteil der Küche. In Südfrankreich erfüllt die »Daube« einen ähnlichen Zweck. Ansonsten bietet sich eine gut schließende Kasserolle an.
»Frijoles de la olla« dienen in Mexiko als Grundlage für eine Vielzahl von Rezepten. Ein Beispiel: Gehackte Zwiebeln in Schmalz anbraten, die wie oben zubereiteten Bohnen mitbraten, dann kühl stellen. Speckwürfel auslassen, die Bohnen darin in kleinen Portionen anbraten und leicht zerdrücken. Das grobe Püree auf einer Platte mit den Speckwürfeln und gehackten Chilischoten anrichten. Zu pikanten Rühreiern oder Fleisch servieren.

Bohnenküchlein, ausgebacken
Bean cakes   USA

Beilage für 6–8 Portionen

380 g gemischte Bohnen:
rot, weiß, schwarz, über Nacht
eingeweicht
50 g Schweineschmalz
2 Zwiebeln fein gehackt
2 Knoblauchzehen, durchgepresst
1 kleine grüne Paprikaschote
(Peperoni), entkernt, gehackt
1 grüne Chilischote, entkernt,
feinst gehackt
ca. 300 ml Gemüse- oder
Fleischbrühe
1 EL Tomatenmark
200 g körnig gekochter Reis
Salz, Pfeffer, frisch gemahlen
Cayennepfeffer nach Geschmack
2 EL frische Korianderblättchen,
gehackt

Weitere Zutaten:
2–3 EL Mehl
2 EL Erdnuss- oder Sonnenblumenöl

1 Die abgetropften Bohnen in frischem Wasser in ca. 1 ½ Stunden weich köcheln. Durch ein Sieb abgießen und abtropfen lassen.
2 Das Schmalz erhitzen, Zwiebeln, Knoblauch, Paprika und Chili darin anschwitzen. Bohnen zugeben und die mit Tomatenmark verrührte Brühe zugießen. Die Bohnen so lange auf kleiner Flamme köcheln, bis die Flüssigkeit vollkommen aufgesogen ist.
3 Zwei Drittel der Bohnen pürieren, mit den restlichen Bohnen und dem Reis vermischen, kräftig würzen. Korianderkraut untermischen.
4 Flache Küchlein aus der Bohnenmasse formen (jeweils ca. 3 EL Masse), in Mehl leicht wenden.
5 Öl erhitzen, die Küchlein darin von beiden Seiten goldgelb ausbacken.

TIPP: Die Küchlein passen sehr gut zu jeder Art von Gegrilltem oder zu kräftig gewürzten Steaks.

Horst Scharfenberg, Autor und Fernsehkoch der ersten Stunde, lebte viele Jahre halbjährlich in den USA bzw. in Deutschland. Von ihm ist das Rezept für die »Bean cakes« überliefert. Dies ist die »verfeinerte« Version der einfachen Frikadellen, die zur Zeit der Eroberung des »Wilden Westens« gebacken wurden.

Tofu-Frikadellen
DuBu Yang Neum Ti Kim

Korea

1 Den Tofublock in ein sauberes Küchentuch einschlagen und mit einem Gewicht beschweren, um ihn zu entwässern. Die Konsistenz wird dann etwas bröselig.

2 Den bröseligen Tofu in eine Schüssel geben und mit allen angegebenen Zutaten verkneten. Sollte die Masse zu weich sein, etwas Mehl einarbeiten. Den Backofen auf 180 °C vorheizen.

3 Aus der Tofumasse 8–10 flache Frikadellen formen und leicht in Mehl wälzen. Kurze Zeit nebeneinander ruhen lassen.

4 In einer Pfanne Öl erhitzen, die Frikadellen von beiden Seiten jeweils 2 Minuten anbraten. Dann die Pfanne in den Backofen stellen und die Tofu-Frikadellen noch 15–20 Minuten garen.

VARIANTE: Kleine Kugeln aus der Masse formen, diese leicht in Mehl wälzen, kurze Zeit ruhen lassen und anschließend portionenweise in heißem Öl frittieren (siehe dazu auch Seite 56 »Falafel«).

Dazu passt ein fertig gekauftes Chutney oder eine selbst zubereitete Soja-Essig-Sauce (s.re.).

Etwa 8–10 Frikadellen

400 g frischer Tofu (1 Block)
2 Knoblauchzehen, fein gehackt
2 Frühlingszwiebeln, fein gehackt
2 Eier, verquirlt
1 EL Sesamöl
2 EL helle Sojasauce
1 EL leicht angerösteter Sesamsamen, siehe Seite 159
frisch gemahlener Pfeffer
Nach Belieben:
1 fein gehackte Chilischote

Weitere Zutaten:
etwas Mehl
Sonnenblumen- oder Maiskeimöl zum Braten

Tso Gau Zang-Essigsauce I
4 EL helle Sojasauce mit 2 EL Weißweinessig (oder hellem Balsamico) und 2 EL Limettensaft verquirlen. 1 EL geröstete Sesamsamen oder geröstete Pinienkerne einrühren. Nach Belieben mit Wasser verdünnen.

Kyeoja-Essigsauce II
2 EL helles Senfpulver mit 4–5 EL hellem lauwarmem Essig verrühren. Nach Belieben mit Wasser verdünnen.

Kaiser-/Zuckerschoten (Kefen) mit Minze
Mange-tout à la menthe   Frankreich

Beilage für 4–6 Personen

1 kg frische Kaiser-/Zuckerschoten
oder TK-Zuckerschoten
oder 500 g ausgelöste Markerbsen
1 TL Salz, 1 Prise Zucker
3–4 Stängel frische Minze, Apfelminze oder Pfefferminze
3 EL Butter
1 EL Minzeblätter, gehackt

1 Die frischen Kaiserschoten evtl. abfädeln und in gesalzenem Wasser unter Zugabe von Zucker und Minzestängeln im offenen Topf bei mittlerer Hitzezufuhr in 10–12 Minuten garen. Markerbsen müssen ausgepalt werden (siehe Seite 36).
2 Gegarte Schoten in einem Sieb abtropfen lassen, Minzestängel entfernen.
3 Butter zerfließen lassen, nicht bräunen. Die Zuckerschoten mit der gehackten Minze darin unter Schwenken mit der Butter überziehen. Sofort servieren!

Die Kaiserschoten passen wunderbar zu gedünstetem Fisch oder kleinen neuen Kartoffeln. Oder die gegarten Kaiserschoten unter gegarten Basmatireis (evtl. mit blanchierten Möhrenstreifen) mischen. Eine leichte, gesunde Mahlzeit!

TIPP: Anstatt Minze gehackte Petersilie oder Kerbel oder Fenchelgrün unter die Schoten bzw. Erbsen mischen.

VARIANTE: Ausgelöste Erbsen zusammen mit gedünsteten Schalotten oder Frühlingszwiebeln (ohne Grün) und geschmorten zarten Salatherzen servieren. Dieses Gericht nennt man »Petits pois à la française«.

Kaiserschoten (Kefen) mit Minze, Frankreich ▶

Pürees & Cremes

Mexikanisches Bohnenpüree mit Käse
Frijoles maneados   Mexiko

250 g Pinto- oder Wachtelbohnen
3 TL Maiskeim- oder
Sonnenblumenöl
1 kleine Zwiebel, halbiert
8 EL Milch
⅛ l Sonnenblumenöl
1 Chilischote, grün, mittelscharf,
original: Chile ancho – das ist
getrockneter Chile poblano
Salz nach Geschmack
60 g Manchego (spanischer
Hartkäse aus Schafsmilch),
in kleine Würfel geschnitten

1 Die Bohnen in einem Sieb mit kaltem Wasser überbrausen. In einem Topf, mit lauwarmem Wasser bedeckt, ca. 4 Stunden einweichen. Bohnen, die an der Oberfläche schwimmen, wegwerfen. Bohnen in einem Sieb abtropfen lassen.

2 Öl erhitzen, Zwiebel zugeben, nur kurz anschwitzen. Bohnen zufügen und so viel Wasser zugießen, dass die Wachtelbohnen gut bedeckt sind. Rasch zum Kochen bringen, Hitze reduzieren und die Bohnen bei halb aufgelegtem Deckel ca. 30 Minuten garen.

3 Die Bohnen mit etwas Kochwasser und Milch portionsweise pürieren. In eine ofenfeste Form füllen. Das Öl erhitzen, unter das Püree rühren, die Chilischote in Stückchen brechen und zum Püree geben. Nach Geschmack salzen.

4 Die Form in den auf 160 °C vorgeheizten Backofen schieben und das Püree ca. 1 ½ Stunden backen. Dann die Käsewürfel in die Oberfläche drücken und noch so lange im Backofen backen, bis der Käse schmilzt. Sofort servieren.
Die Frijoles maneados zu Blattsalat servieren.

Pürees und Cremes aus Hülsenfrüchten sind in vielen Ländern eigenständige Gerichte, die mit landestypischen Beilagen kombiniert werden. Man kann sie auch gut zu Fleisch, Fisch oder Reis, Nudeln bzw. Kartoffeln servieren.

Bohnencreme
Crema di fagioli   Italien

1 Von den eingeweichten und abgetropften Bohnen die Häutchen abreiben. Zusammen mit dem Bouquet garni, der Zwiebel und Kartoffel mit 2 l frischem Wasser auf die Kochstelle setzen. Aufkochen, die Hitzezufuhr reduzieren und die Bohnen in etwa 1 ½ bis 2 Stunden weich köcheln.
2 Die Bohnen abgießen, etwas Flüssigkeit aufbewahren. Den Inhalt des Bohnentopfes mit Oregano und den Knoblauchzehen in einen Mixer geben und in Intervallen zur gewünschten Konsistenz zerkleinern. Zitronensaft und Olivenöl zugeben und evtl. noch etwas aufbewahrtes Bohnenkochwasser, falls die Creme zu trocken erscheint. Mit Salz und Pfeffer abschmecken.

Die Creme kann warm oder kalt gegessen werden.
Beilagen: leicht getoastetes Bauernbrot, frische Radieschen oder Gurkenscheiben.

VARIANTE: Noch 1 EL in wenig heißem Wasser aufgelöstes Tomatenpüree unter die Bohnencreme rühren.
Pizzabrot und rohe Spinatblättchen (gewaschen und getrocknet) oder Staudenselleriestifte dazu reichen.

4–6 Portionen

400 g große Weiße Bohnen, über Nacht eingeweicht
1 Bouquet garni: 1 Lorbeerblatt, 2 Thymianzweige, 3 Petersilienstängel, 1 Stängel Selleriegrün
1 mittelgroße Zwiebel, gehackt
1 mittelgroße Kartoffel mit Schale, gut gebürstet

Für die Creme:
6 Zweige Oregano, Blättchen abgestreift
4 Knoblauchzehen, abgezogen
Saft von 1 Zitrone
3–4 EL toskanisches oder ligurisches Olivenöl extra nativ
Meersalz und Pfeffer, frisch gemahlen

Dieses italienische Rezept wird mit großen Weißen Bohnen zubereitet. Sie werden über Nacht in Mineralwasser eingelegt und mit dem Einweichwasser am nächsten Tag gekocht. Man kann sie aber auch mit frischem Wasser aufsetzen und kochen.

Schwarze Bohnencreme
Frijoles negros batidos   Mexiko

250 g Schwarze Bohnen,
über Nacht mit 1 TL Natron
eingeweicht
150 g durchwachsener Speck
oder Schinkenspeck, in Scheiben
geschnitten
2 EL Maiskeim- oder Erdnussöl
2 mittelgroße Zwiebeln, feinst
gehackt
4 Knoblauchzehen
1 frische grüne Chilischote, entkernt und gehackt
oder ½ TL Chilipulver
Salz, Pfeffer, frisch gemahlen

Nach Geschmack:
1 frische grüne Chilischote,
in Ringe geschnitten

Zwiebelsauce:
1 große Zwiebel, in schmale
Streifen geschnitten
1 TL Chilipulver
Saft von 1–2 Zitronen
½ Bund frischer Koriander, Blättchen gehackt
1 Knoblauchzehe, durch die Presse gedrückt
Salz, Pfeffer, frisch gemahlen

1 Schwarze Bohnen in ein Sieb abgießen; mit
frischem Wasser bedeckt zum Kochen bringen.
Die Bohnen abgießen, erneut mit frischem
Wasser zum Kochen bringen und den Speck zugeben. Hitze reduzieren und die Bohnen bei halb
aufgelegtem Deckel etwa 2 Stunden köcheln.
2 Speck herausnehmen, Bohnen in einen Mixer
geben und solange pürieren, bis eine sämige
Creme entsteht.
3 Öl erhitzen, Zwiebeln darin anschwitzen,
Knoblauch dazu pressen und Chili einrühren. Mit
dem Bohnenpüree vermischen und vorsichtig
erwärmen, bis die Creme eindickt.

Dazu Zwiebelsauce servieren (s.u.)

1 Für die Zwiebelsauce die Zwiebelstreifen mit
Chilipulver bestäuben, den Zitronensaft darüber
gießen und Korianderblättchen unterheben.
2 Mit Knoblauch, Salz und Pfeffer abschmecken, durchmischen und ca. 45 Minuten durchziehen lassen.

TIPP: Diese Bohnencreme eignet sich gut zum
Füllen von Tamales, Tacos und Tortillas.

Frijoles negros batidos, Mexiko ▶

Erbsenpüree, Majorero-Art
Chicharos Majoreros   Kanarische Inseln

200 g kanarische Spalterbsen,
ersatzweise gelbe Erbsen
100 g luftgetrockneter Schinken,
gewürfelt
1 kleine Zwiebel, geviertelt
Salz
150 g Kürbisfleisch, klein gewürfelt
150 g Süßkartoffeln, geschält,
klein gewürfelt

Weitere Zutaten:
1 EL Schmalz oder Butter
½ altbackenes Brötchen, gewürfelt

1 Spalterbsen eventuell verlesen, in ein Sieb geben und mit kaltem Wasser überbrausen.
2 Die Erbsen in einem Topf mit den Schinkenwürfeln und den Zwiebelvierteln mit Wasser bedeckt zum Kochen bringen. Die Hitze reduzieren, Erbsen salzen und ca. 1 ½ Stunden köcheln.
3 Etwa 10 Minuten vor Ende der Garzeit die Kürbis- und Süßkartoffelwürfel zugeben. Evtl. etwas Wasser nachgießen. Das Gericht soll dickflüssig sein und die Erbsen fast verkocht.
4 Schmalz/Butter erhitzen, die Brotwürfel darin kross braten, über das Erbsenpüree streuen. Zu Koteletts oder Rippchen servieren.

Bohnenpüree mit Kokosmilch
Feijão de leite de coco   Brasilien

6 Portionen

500 g Braune oder Schwarze
Bohnen, nach dem Rezept Feijão
caseiro auf (Seite 88) gekocht
250 ml Kokosmilch aus der Dose
oder 250 g Sahne (Rahm) mit
4 EL Kokosflocken aufgekocht
und durchgesiebt
2 EL Zucker
1 EL Salz

1 Die weichen Bohnen mit dem Kochwasser im Mixer pürieren. Anschließend durch ein Sieb passieren und in einem Topf erwärmen.
2 Kokosmilch unter das Püree rühren und mit Zucker und Salz würzen. Unter Umrühren mit einem Holzlöffel dick einkochen.
VARIANTE: Unter das Püree noch die gehackten Blättchen von ½ Bund Koriander sowie 4 gehackte Frühlingszwiebeln mit Grün mischen.

Bohnenpüree passt zu gegrilltem Fleisch, zu Krabbengerichten und auch zu Fisch.

Texanisches Bohnenpüree
Refried beans USA / Mexiko

1 Die gekochten Bohnen durch ein Sieb abgießen, die Kochflüssigkeit auffangen.
2 Baconwürfel in einer Pfanne bei geringer Hitzezufuhr auslassen, die Grieben entfernen. Im verbliebenen Fett die Zwiebel hell anbraten, nicht bräunen. Oregano einrühren und die Bohnen zugeben.
3 Mit einem Kartoffelstampfer die Bohnen zerdrücken – sie sollen aber noch Struktur haben.
4 Das Püree mit Kochwasser etwas verdünnen und abschmecken. So lange in der Pfanne braten, bis sich am Rand eine knusprige Kruste bildet.

4–6 Portionen

250 g Wachtelbohnen oder Pinto- oder Kidneybohnen, gekocht (siehe Seite 94 und 153)
ca. ¼ l Kochflüssigkeit
100 g Bacon oder Frühstücksspeck, gewürfelt
1 kleine Zwiebel, feinst gehackt
1 TL frische Oreganoblättchen oder
¼ TL getrockneter Oregano
Salz, Pfeffer, frisch gemahlen

Die »Refried beans« sind ein Bestandteil der Füllung für Tostados – das sind frittierte Tortillablätter (gibt es fertig zu kaufen). Die Tostados werden mit dem Bohnenpüree, lange gegartem, zerkleinertem (zerfasertem) Rindfleisch, fein geschnittenem frischem Salat (z.B. Eisberg- oder Romana-Salat), Guacamole (Avocadocreme) und Sauerrahm gefüllt. Garniert werden sie mit einem Klecks Tomatensauce – ein »grenzüberschreitendes« texanisch-mexikanisches Rezept.

Kichererbsenpüree
Hummus Marokko/Türkei

350 g Kichererbsen, geschält,
über Nacht eingeweicht, mindestens jedoch 8 Stunden
2–3 Knoblauchzehen, gepresst
1 TL Salz
½ TL Kreuzkümmel, gemahlen
150 ml Tahini, Rezept unten
Saft von 2–3 Zitronen
3–4 EL Olivenöl oder Arganöl

Nach Geschmack:
Glattblättrige Petersilie, gehackt

1 Eingeweichte Kichererbsen abtropfen lassen, mit frischem Wasser bedeckt auf die Kochstelle setzen, zum Kochen bringen. Dann die Hitzezufuhr reduzieren und die Kichererbsen in ca. 1 ½ Stunden garen. Durch ein Sieb abgießen, etwas Flüssigkeit aufbewahren.
2 Bis auf ein paar Kichererbsen zur Dekoration alle im Mixer pürieren. Alle anderen Zutaten unter das Püree rühren (auch 2 EL Öl), sollte es zu trocken erscheinen, etwas Kochflüssigkeit zugeben.
3 Hummus auf einer Platte bergartig anrichten, in die Mitte eine Vertiefung drücken. Da hinein das restliche Olivenöl oder Arganöl gießen und die ganzen Kichererbsen hineinlegen. Mit gehackter Petersilie umkränzen.

Sesampasten-Sauce
Tahini

100 g Sesampaste (Fertigprodukt, in griechischen und türkischen Geschäften erhältlich)
60 ml Wasser
60 ml Zitronensaft, frisch gepresst
1 TL Petersilie oder Koriander, Blättchen gehackt
1 TL Knoblauch, feinst gehackt
2 Msp. Salz nach Belieben

1 Mit einer Gabel die Sesampaste mit dem Wasser vermischen. Nacheinander Zitronensaft, Petersilie und Knoblauch zugeben und jedes Mal gut vermischen.
Oder alle Zutaten im Mixer kurz mischen. Nach Belieben salzen.

HINWEIS: Die Sauce ist im Kühlschrank etwa 10 Tage haltbar; sie dickt dabei etwas ein.

Kichererbsenpüree, Marokko ▶

Helmbohnensauce
Vaal Ni Dal Dakhoo   Indien

100 g gespaltene Helmbohnen
(Vaal Dal)
1 ¼ l Wasser
3 mittelgroße Tomaten,
gehäutet, entkernt, gehackt
1 TL Fenchelsamen
1 TL Salz, 1 TL Palmzucker oder
brauner Zucker
½ TL Kurkuma, gemahlen
½ TL Chilipulver oder 1 kleine
rote Chilischote, entkernt
Saft von ½ Zitrone oder
1 Limette

Weitere Zutaten:

2 EL Erdnuss- oder Sojaöl
je 1 Msp. Kreuzkümmelsamen,
schwarze Senfkörner und Bocks-
hornklee sowie Asafoetida*

Zum Garnieren:

1 EL Korianderblätter, gehackt

*Asafoetida wird aus den Wurzelstöcken einer
Riesenfenchelart gewonnen; alle Gewürze sind
in indischen Geschäften erhältlich.

1 Die Helmbohnen so lange mit kaltem Wasser
überbrausen, bis die ablaufende Flüssigkeit klar
bleibt. In einer Schüssel mit heißem Wasser
übergießen, das Wasser soll zwei Fingerbreit
über den Bohnen stehen. Über Nacht einweichen.
2 Vaal Dal in einem Sieb abtropfen lassen. Mit
der angegebenen Wassermenge zum Kochen
bringen. Hitzezufuhr reduzieren, Deckel halb auf
den Topf legen und das Dal 20 Minuten köcheln.
3 Gehackte Tomaten zugeben, weitere 5 Minuten köcheln. Topf von der Kochstelle nehmen
und das Dal abkühlen lassen.
4 Die abgekühlten Helmbohnen mit allen
weiteren Zutaten einschließlich Zitronensaft in
einem Mixer pürieren.
5 Öl erhitzen, die Gewürze darin so lange anrösten, bis sie zu knistern beginnen. Asafoedita erst
zum Schluss zugeben und nur kurz anrösten. Das
Püree zugeben, unter ständigem Rühren zum
Kochen bringen, dann noch 5 Minuten köcheln.
In eine Servierschüssel füllen und mit Korianderblättchen bestreuen.
Reis dazu servieren.

Straßenhändler in Mumbai / Indien ▶

Hülsenfrüchte spielen in der indischen Küche eine Hauptrolle. Für Vegetarier sind sie ein wertvoller Proteinlieferant. Sie werden in Indien ungeschält oder geschält angeboten. Geschälte
Hülsenfrüchte verlieren beim Kochen die Form und das Ergebnis ist eine Art Mus.
Helmbohnen gehören in Gujarat (Westindien) zum sogenannten Thali. Ursprünglich bedeutete
das Wort Metallteller; heute meint es ein vielfältiges Essen, das in Schalen auf einem Metallteller,
eigentlich einem großen Tablett, serviert wird.

Suppen & Eintöpfe

Linsencremesuppe mit Haselnüssen
Velouté de lentilles du Puy aux noisettes Frankreich

220 g Puy-Linsen oder Tellerlinsen
10 g Butter
1 EL Olivenöl extra nativ
30 g durchwachsener Speck, gehackt
1 Möhre, geputzt, in kleine Würfel geschnitten (Brunoise)
1 kleine Zwiebel, sehr fein gehackt
2 Schalotten, fein gehackt
1 Thymianzweig
1 Lorbeerblatt

Weitere Zutaten:

100 ml dicke Sahne (Crème fraiche epaisse)
Fleur de sel, Pfeffer, frisch gemahlen
8 leicht angeröstete Haselnüsse, grob gehackt
2 EL Petersilie, gehackt

1 Die Linsen mit kaltem Wasser überbrausen und abtropfen lassen.
2 In einem Schmortopf Butter mit Öl erhitzen, Speck- und Möhrenwürfel sowie Zwiebeln und Schalotten darin hell anschwitzen. Die Linsen zugeben, Thymian und Lorbeerblatt einlegen. Linsen mit Wasser bedecken und bei geringer Hitzezufuhr in etwa 30–35 Minuten weich köcheln, probieren.
3 Thymian und Lorbeerblatt entfernen. Den Topfinhalt mit dem Pürierstab sämig zerkleinern. Die dicke Sahne einrühren und mit Salz und Pfeffer abschmecken.
4 Die Linsencreme auf Teller verteilen und mit Haselnussstückchen und Petersilie bestreuen.

TIPP: Die Linsen aus Le Puy (Dép. Haut Loire) brauchen nicht eingeweicht zu werden. Sie sind reich an Calcium, Eisen, verschiedenen Vitaminen sowie Ballaststoffen. Der Geschmack ist charakteristisch: nussig und leicht süß (siehe dazu auch Seite 40).

Eine gute Suppe oder ein deftiger Eintopf erwärmen Herz und Magen. Nachfolgend zur Auswahl »Klassiker« wie »Minestrone«, Seite 112, oder »Westfälisches Blindhuhn«, Seite 111, aber auch »Linsencremesuppe mit Haselnüssen", siehe oben und »Succotash«, Seite 119 u. a.

Taubenerbsen-Suppe
Sopa de gandules   Karibik

1 Fleischwürfel in einem großen Topf so lange ausbraten, bis sie knusprig sind und das Fett ausgetreten ist. Würfel wegwerfen. Zwiebel und Knoblauch in dem Fett gut anbraten.
2 Tomate, Paprika und Schinkenwürfel zugeben. Den Topf zudecken und das Gemüse ca. 5 Minuten schmoren.
3 Kürbisfleisch einlegen, mit der Brühe aufgießen. Taubenerbsen unterrühren, alles rasch zum Kochen bringen. Die Hitze reduzieren, Topfdeckel auflegen und die Suppe ca. 20–30 Minuten köcheln – das Kürbisfleisch soll fast zerfallen. Taubenerbsenflüssigkeit aus der Dose einrühren und würzen.

TIPP: Den Eintopf mit gehacktem Selleriegrün bestreuen oder mit Cayennepfeffer gewürzte Croûtons dazu reichen.

6 Portionen

125 g durchwachsenes, gepökeltes Schweinefleisch, in Würfel geschnitten
1 große Gemüsezwiebel, gehackt
2 Knoblauchzehen, fein gehackt
1 große Fleischtomate, gehäutet, entkernt, gehackt
1 grüne Paprikaschote (Peperoni), entkernt, gewürfelt
1 dicke Scheibe, ca. 130 g, gekochter Schinken, gewürfelt
500 g Kürbisfleisch, gewürfelt, Moschus- oder Butternusskürbis
1 l Gemüse- oder Hühnerbrühe
500 g Taubenerbsen* aus der Dose, gut abgetropft, Flüssigkeit aufbewahren
Salz, Pfeffer, frisch gemahlen

Taubenerbsen (Straucherbsen, Seite 36) werden in der Karibik gern für Suppen und Eintöpfe verwendet; es sind runde bis ovale Samen von der Größe einer kleinen Gartenerbse. Man bekommt sie als Trockenerbsen unter der Bezeichnung »Gungo peas« in Asialäden, aber auch in guter Qualität in Dosen zu kaufen.

Bohnensuppe mit Gremolata
Zuppa di fagioli con Gremolata   Italien

6 Portionen

1 Dose Weiße Bohnen,
Einwaage 240 g
1 Dose Borlotti-Bohnen,
Einwaage 250 g
1 ½ l Gemüse- oder Fleischbrühe,
selbst zubereitet oder aus dem
Glas bzw. Brühwürfel

Gremolata:
120 g Fontina-Käse, siehe unten
2 EL fein abgezogene Schale von
1 Biozitrone
½ Bund frischer Thymian,
falls erhältlich Zitronenthymian

Nach Belieben:
2 Knoblauchzehen, sehr fein gehackt

* Fontina-Käse kommt von den Höhen des
Aostatals (Piemont). Er ist ein halbfester Käse,
sein Geschmack kann von mild bis pikant
variieren. Er ist in gut sortierten Käsegeschäften
und bei italienischen Feinkosthändlern erhältlich.

1 Die Dosenbohnen mit kaltem Wasser so lange
überbrausen, bis die ablaufende Flüssigkeit klar
ist. In einem Sieb gut abtropfen lassen.
2 Die Brühe nach Wahl erhitzen, die Bohnen zugeben und darin mit geringer Hitzezufuhr erwärmen. Währenddessen die Gremolata zubereiten:
Den Fontina-Käse sehr fein reiben und mit einem
Zestenreißer die Schale von der Zitrone abziehen. Thymian von den Zweigen zupfen und alles
vermischen. Wer mag, kann noch gehackten
Knoblauch zugeben.
3 Suppenschalen vorwärmen, die Bohnensuppe
hineingeben und mit der Gremolata bestreuen.

TIPP: Zu dieser Suppe kann jede Art von Bohnen
verwendet werden. Mit Bohnen aus der Dose
und einer fertigen Brühe ist dies ein schneller
leckerer Imbiss an kalten Tagen.

Bohnensuppe mit Gremolata, Italien ▶

Bohnen-Kohlsuppe

Jota   Italien

350 g Cannellinobohnen, gekocht,
(siehe Seite 43)
1 kleiner Weißkohl

Battuto:
2 EL Olivenöl extra nativ
1 mittelgroße Zwiebel, fein gehackt
2 Knoblauchzehen, fein gehackt

Weitere Zutaten:
2 Kartoffeln, geschält, gewürfelt
oder 1 kleine Fenchelknolle, gehackt
4 EL passierte Tomaten
oder ca. ¼ l Fleischbrühe
2 EL feines Maismehl
Salz, Pfeffer, frisch gemahlen
1 EL Olivenöl extra nativ
3 EL Petersilienblättchen, gehackt

1 Die Cannellinobohnen nach Anweisung knapp gar kochen, probieren, sie sollten nicht zerfallen. Vom Kohl die dicken Rippen und den Strunk entfernen, Blätter in Streifen schneiden und ca. 2 Minuten blanchieren, gut abtropfen lassen.
2 Olivenöl erhitzen, Zwiebel und Knoblauch darin anschwitzen. Kohlstreifen zugeben und darin anschwenken. Kartoffelwürfel einlegen, mit Tomatenpassata oder Brühe auffüllen und 30 Minuten köcheln.
3 Die Bohnen zugeben und erwärmen. Das Maismehl einrühren und mit Salz und Pfeffer abschmecken, Olivenöl darüber träufeln und mit Petersilie bestreuen.

Jota stammt aus dem Friaul, das im Westen an Venetien und im Norden an Österreich grenzt. Deshalb wird das Gericht auch oft mit sauer eingelegten Rüben oder mit Sauerkraut zubereitet – ein Überbleibsel aus der Zeit, als dieser Landstrich noch zur k.u.k. Monarchie gehörte.

Augenbohnensuppe
Mavromitika fasólia   Griechische Inseln

1 Augenbohnen in einem Topf mit Wasser bedeckt zum Kochen bringen. Nach dem Aufwallen in ein Sieb schütten und abtropfen lassen.
2 Öl erhitzen, Zwiebeln und Knoblauch darin goldgelb anschwitzen. Tomaten und Lorbeerblätter zugeben, kurz durchschmoren. Pfeffern, die abgetropften Bohnen zugeben und mit der heißen Gemüsebrühe aufgießen. Nach dem Aufkochen die Hitze reduzieren und die Bohnen 45–50 Minuten garen.
3 20 Minuten vor Ende der Garzeit den Reis einstreuen und die Suppe mit Salz abschmecken.

Beilage: sauer eingelegte Auberginen

400 g Augenbohnen, 3 Stunden eingeweicht
2–3 EL Olivenöl
2 Gemüsezwiebeln, gehackt
6–8 Knoblauchzehen oder mehr(!), gehackt
3 Fleischtomaten, gehäutet, entkernt, gehackt
2 Lorbeerblätter
Pfeffer, frisch gemahlen
1 ½ l Gemüsebrühe
150 g Rundkornreis
Meersalz

Auberginen, sauer eingelegt

1 Blanchierte Auberginen am Stängelansatz zweimal einschneiden, salzen und pfeffern und die Gewürze in den Einschnitt stecken. Mit jeweils einem Selleriestängel umwickeln.
2 Die gefüllten Auberginen in ein Glas schichten, mit dem heißen, gewürzten Essig übergießen. Gläser verschließen und die Auberginen ca. 1 Woche durchziehen lassen.

4–6 kleine weiße Auberginen, 2 Minuten blanchiert

Gewürzmischung:
Salz und Pfeffer, frisch gemahlen
8–12 Knoblauchzehen, halbiert
einige Pimentkörner
pro Aubergine 1 Lorbeerblatt und 1 Stängel Schnittsellerie
ca. ½ l guter Weinessig, aufgekocht mit Lorbeer und Piment

Dies ist ein Rezept von der griechischen Insel Santorin, das heute noch in den Familien zubereitet wird. Die Kombination von Bohnensuppe und sauer eingelegten Auberginen ist ungewöhnlich, aber sehr pikant.

Westfälisches Blindhuhn

1 Die Bohnen über Nacht mit Wasser bedeckt einweichen. Am nächsten Tag zusammen mit dem Einweichwasser und dem Speck etwa 50 Minuten kochen.

2 Grüne Bohnen gipfeln, je nach Größe halbieren oder dritteln. Möhren putzen und in Scheiben schneiden, Kartoffeln schälen und in kleine Würfel schneiden. Das Gemüse zu den Weißen Bohnen geben und alles 30 Minuten köcheln.

3 Äpfel und Birne schälen, Kernhaus jeweils entfernen und die Früchte in Spalten schneiden. In den Topf geben und ca. 8–10 Minuten mitgaren.

4 Den Bauchspeck aus dem Topf nehmen, mit Küchenkrepp trocken tupfen und in feine Scheiben schneiden. Zusammen mit den Zwiebelscheiben in der Butter goldbraun anbraten. Den Suppentopf mit Salz und Pfeffer abschmecken.

5 Zum Servieren Speck- und Zwiebelscheiben sowie die gehackte Petersilie auf dem Bohnentopf anrichten.

Knuspriges Landbrot dazu reichen.

4–6 Portionen

250 g Weiße Bohnen,
kleinsamige Sorte
250 g durchwachsener Bauchspeck
am Stück
500 g frische Grüne Bohnen
250 g Möhren
500 g mehlig kochende Kartoffeln
2 säuerliche Äpfel, z. B. Renetten
1 Birne, z. B. Abate Fetel
2 mittelgroße Zwiebeln,
in Scheiben geschnitten
40 g Butter
Salz und weißer Pfeffer,
frisch gemahlen
1 Bund Petersilie, Blättchen gehackt

Unter dem Namen »Westfälisches Blindhuhn« kann sich der nicht Eingeweihte zunächst kaum etwas vorstellen. Das Gericht wird auch »Nachlese« oder »Gänsefutter« genannt – doch auch das vermittelt nicht unbedingt Klarheit. Es ist auf alle Fälle ein sehr beliebtes Gericht, das auch Henriette Davidis in ihrem Kochbuch bereits 1844 erwähnt. Die Hauptzutaten sind Weiße, auch Grüne Bohnen, Möhren und Kartoffeln. Den geschmacklichen Pfiff geben Äpfel und manchmal auch Birnen.

◄ *Westfälisches Blindhuhn, Deutschland*

6 Portionen

200 g Borlottibohnen oder Weiße
Bohnen, über Nacht eingeweicht,
oder frische Bohnenkerne

Battuto:
2 EL Olivenöl oder Butter
100 g Pancetta oder durchwachsener Schinkenspeck, fein gehackt
1 mittelgroße Zwiebel, fein gehackt
evtl. 1 Knoblauchzehe, fein gehackt

Gemüse:
2 Möhren, geschrappt, gewürfelt
2 Stängel Staudensellerie, in Scheiben geschnitten
2 l Fleischbrühe oder Wasser
4 Tomaten, gehäutet, entkernt,
gehackt
2 Stängel frischer Oregano oder
1 TL getrockneter Oregano
2 mittelgroße Kartoffeln, geschält,
gewürfelt
¼ Kopf Weißkraut oder Wirsing,
fein geschnitten
200 g Grüne Bohnen, gegipfelt,
in Stücke geschnitten
2 kleine Zucchini, in Streifen
geschnitten

Einlage:
150 g ca. 10 Minuten vorgekochter
Rundkornreis oder 150 g Penne
rigate (Teigwaren)

Zum Überstreuen:
6 EL Parmigiano reggiano oder
Grana Padano, frisch gerieben
2–3 EL glattblättrige Petersilie,
Blättchen gehackt

Bohnen-Gemüsesuppe
Minestrone   Italien

1 Die eingeweichten Bohnen in einem Sieb abtropfen lassen, frische Bohnenkerne häuten und
kurz mit Wasser überbrausen.
2 In einem großen Topf das Fett erhitzen, Pancetta, Zwiebel und Knoblauch darin anschwitzen. Die Bohnen zugeben und mit dem Battuto
unter Rühren überziehen. Möhrenwürfel und
Selleriescheiben zugeben und mit der Brühe
bzw. Wasser aufgießen. Rasch zum Kochen bringen, die Hitze reduzieren, Tomaten und Oregano
einrühren und die Minestrone ca. 30 Minuten
köcheln – eine Minestrone darf nicht kochen.
3 Kartoffelwürfel, Krautstreifen und Grüne Bohnen zugeben und weitere 20 Minuten köcheln.
4 Zucchinistreifen und den vorgegarten Reis
oder die Penne einlegen, noch 10 Minuten garen.
5 Minestrone in Suppenschalen füllen, mit Parmesan und Petersilie bestreut servieren.

VARIANTEN: Den Reis mit den Kartoffelwürfeln
in den Gemüsetopf geben und mitgaren.
Bei Verwendung von Wirsing, diesen erst 20 Minuten vor Ende der Garzeit einlegen.
Statt gehackter Tomaten 1 Esslöffel Tomatenpüree in etwas heißem Wasser auflösen und unterrühren.
Die Gemüseeinlagen je nach Geschmack und
Jahreszeit anteilmäßig verändern.

TIPPS: Frische Erbsen statt Zucchini verwenden. Im Sommer kann die Minestrone auch kalt
serviert werden. Das Gemüse sollte dann etwas
feiner geschnitten sein. Am besten eine größere
Menge auf Vorrat zubereiten.

»Die zweimal gekochte Bohnensuppe«

La Ribollita   Italien

1 Die eingeweichten Bohnen unter kaltem Wasser abspülen und gut abtropfen lassen.

2 Das Gemüse in der angegebenen Reihenfolge im erhitzten Olivenöl anschwitzen, außer Schwarzkohl und Tomaten. Knoblauch und Chili zugeben, 10 Minuten durchschmoren.

3 Die Bohnen zugeben, alles mit Wasser bedecken und bei aufgelegtem Deckel und mittlerer Hitzezufuhr etwa 1 ½ Stunden garen. In der letzten ½ Stunde den Schwarzkohl und die Tomaten zugeben. Prüfen, ob die Bohnen weich sind.

4 Etwa 1/3 des Topfinhalts entnehmen und pürieren, dann wieder zurück in den Topf geben.

5 Für die Kräuterschwitze Olivenöl in einer Pfanne erhitzen, Knoblauch und Kräuter darin andünsten. Zur Suppe geben, die Lorbeerblätter einlegen und die Wärmequelle ausschalten. Den Topf zudecken und die Suppe über Nacht, besser 24 Stunden, kühl stellen (aber nicht in den Kühlschrank).

6 Dann die Suppe wieder erhitzen, den Deckel dabei entfernen. Die »Ribollita« sollte dickflüssig sein. Mit Salz und Pfeffer abschmecken.

7 In vorgewärmte Suppenteller jeweils eine Scheibe Brot legen, die Suppe darüber schöpfen und großzügig mit bestem Olivenöl benetzen. Entweder mit Parmesan oder mit gehackter Petersilie bestreuen. Grobes Meersalz und evtl. Zwiebelscheiben dazu stellen.

Die »Ribollita« ist ein traditionelles Gericht aus der Toskana und wird in jeder Familie anders zubereitet.

6–8 Portionen

200 g große Weiße Bohnen oder Cannellino-Bohnen, über Nacht eingeweicht
1 Gemüsezwiebel, in feine Scheiben geschnitten
4 Möhren, geputzt, in Scheiben geschnitten
4 dünne Stangen Lauch, in Scheiben geschnitten
4 Stangen Staudensellerie ohne Grün, in Scheiben geschnitten
250 g Schwarzkohl, gewaschen, geputzt, grob gehackt, oder Grünkohl
4 reife Fleischtomaten, gehäutet, geviertelt, entkernt, oder Tomaten aus der Dose
4 EL toskanisches Olivenöl extra nativ
2 Knoblauchzehen, fein gehackt
1 frische rote Chilischote, fein gehackt

Kräuterschwitze:

2 Knoblauchzehen, fein gehackt
½ Bund Petersilie, Blättchen gehackt
einige Rosmarinzweige, Nadeln abgestreift und gehackt
2 Lorbeerblätter
Salz und Pfeffer, frisch gemahlen
2 EL Olivenöl extra nativ

Weitere Zutaten:

8 Scheiben helles Bauernbrot mit Kruste, möglichst ungesalzen
frisches Olivenöl extra nativ
4 EL Parmesan, frisch gerieben oder
4 EL gehackte Petersilie
grobes Meersalz und evtl. Zwiebelscheiben

Tunesischer Linsentopf
Market adas   Tunesien

250 g Linsen, evtl. über Nacht eingeweicht
500 g Lammfleisch, Keule oder Schulter, gewürfelt

Paste: 4–5 Knoblauchzehen, durchgepresst,
vermischt mit Salz und Pfeffer

Zum Anbraten:
6 EL Olivenöl
1 Gemüsezwiebel, fein gehackt
1 EL Tomatenmark
½ TL Harissa, siehe unten
1 TL Edelsüßpaprikapulver
1 l Wasser
Salz, Pfeffer, frisch gemahlen

1 Eingeweichte Linsen gut abtropfen lassen. Die Fleischwürfel mit der Knoblauchpaste einreiben.
2 Öl erhitzen, Fleischwürfel und Zwiebel darin anbraten, Tomatenmark und Harissa mit Paprikapulver in wenig Wasser anrühren, zugeben. Mit dem restlichen Wasser auffüllen.
3 Die Linsen zugeben und den Eintopf zum Kochen bringen. Hitze reduzieren und bei aufgelegtem Deckel ca. 45–50 Minuten köcheln.
4 Die Hitzezufuhr abschalten, den Eintopf abschmecken und ohne Deckel noch etwas einkochen lassen.

Arabische Chilipaste
Harissa

GRUNDREZEPT FÜR EINE GRÖSSERE MENGE

500 g frische rote Chilischoten, Kerne und Stängel entfernt, grob gehackt
1 EL Meersalz
1–2 Knollen (!) Knoblauch, davon die geschälten Zehen, grob gehackt
1 EL Minzeblätter
½ Bund Koriander, nur die Blättchen, 2–3 EL Olivenöl extra nativ

Gewürzmischung:
2 TL Kreuzkümmelsamen
1 EL Koriandersamen
1 EL Kümmelsamen

1 Zuerst die Gewürze (Samen) in einer trockenen Pfanne rösten, bis sie beginnen zu duften. Nicht zu stark rösten, sonst schmecken die Gewürze bitter! In einem Mörser zerreiben.
2 Die zerriebenen Gewürze mit allen anderen Zutaten in einen Mixer geben und zu einer Paste verarbeiten.
3 Paste in ein Schraubglas füllen, die Oberfläche mit Olivenöl beträufeln und das Glas verschließen. Im Kühlschrank aufbewahren.

Market adas, Tunesien ▶

Linsen mit Esskastanien
Lenticchie con marrone   Italien

12 frische Esskastanien *
1 EL Olivenöl
4 Knoblauchzehen, fein gehackt
200 g kleine Linsen wie Castelluccio-
Linsen, siehe Seite 39
einige Thymianzweige, Blättchen
abgestreift
1 Lorbeerblatt
150 g reife Eiertomaten
(San Marzano), geschält, entkernt,
Fruchtfleisch gehackt, oder gehackte
Tomaten aus der Dose
1 Msp. Chiliflocken
Meersalz und Pfeffer, frisch
gemahlen
3 EL gehackte glatte Petersilie
2 EL toskanisches Olivenöl
extra nativ

*Weniger Arbeit machen bereits gegarte, in
Folie eingeschweißte Esskastanien, die nur noch
zerkleinert und erwärmt werden müssen (erhältlich im Gemüsehandel).

1 Den Backofen auf 180 °C vorheizen. Die Esskastanien mit einem scharfen Messer über Kreuz
einschneiden. Im Backofen etwa 30 Minuten
rösten und noch warm schälen; grob hacken.
2 Olivenöl in einem gusseisernen Topf erhitzen,
Knoblauch darin hell anschwitzen. Die Linsen zugeben und gut umrühren. Thymian und Lorbeerblatt einlegen und alles mit Wasser bedecken.
Einen Deckel auflegen und die Linsen bei mittlerer Hitzezufuhr etwa 25 Minuten köcheln. Falls
nötig, noch etwas Wasser nachfüllen.
3 Die gehackten Tomaten und Chiliflocken einrühren, mit Meersalz und Pfeffer abschmecken,
die gehackten Kastanien zugeben und weitere
20 Minuten köcheln.
4 Die Suppe in eine vorgewärmte Schüssel
füllen, mit gehackter Petersilie bestreuen und
mit Olivenöl beträufeln.

Ciabattabrot oder warmes Pizzabrot dazu servieren.

Das ist ein altes Rezept aus den Bergregionen Norditaliens. Die Kastanien wachsen wild
in den Wäldern, das Ernten ist recht mühsam. In früheren Zeiten wurden die Kastanien
auch gemahlen und ihr Mehl wurde zum Brotbacken verwendet. Der nussige Geschmack
der Esskastanie harmoniert sehr gut mit den Linsen.

Bohnen-Graupen-Eintopf
Papazoi Italien

1 Die eingeweichten Bohnen und Graupen gut abtropfen lassen. Olivenöl erhitzen, Knoblauch darin anschwitzen.

2 Bohnen und Graupen einrühren, nach Belieben den Speck zugeben, mit Gemüsebrühe oder Wasser auffüllen. Rasch zum Kochen bringen, Hitze reduzieren und den Eintopf ca. 20–30 Minuten sanft kochen.

3 Frische Maiskörner und den Salbei zufügen, weitere 30–40 Minuten köcheln. Wird Dosenmais verwendet, die Maiskörner kurz vor Ende der Garzeit nur erwärmen. Prüfen, ob die Bohnen weich sind.

4 Den Eintopf mit Salz und Pfeffer abschmecken, Petersilie einrühren und servieren.

TIPPS: Noch 2 mittelgroße, geschälte, gewürfelte Kartoffeln in den letzten 15 Minuten mitkochen.
Wer den Eintopf deftiger wünscht, gart noch einige Salsicce (Würstchen) mit.

6 Portionen

200 g Borlotti- oder Feuerbohnen
oder kleine Weiße Bohnen,
über Nacht eingeweicht
200 g ungeschälte Graupen oder
Rollgerste, über Nacht eingeweicht
2 EL Olivenöl
2 Knoblauchzehen, gehackt

Nach Belieben: 100 g geräucherter Speck am Stück

2 l Gemüsebrühe oder Wasser
100 g frische Zuckermaiskörner,
ersatzweise 100 g Maiskörner aus der Dose, abgetropft
6–8 frische Salbeiblätter, gehackt
Salz, Pfeffer, frisch gemahlen
1 Bund glattblättrige Petersilie, gehackt

In den Gebirgsgegenden Norditaliens, besonders in Venetien und im Friaul, zählen Bohnen zu den Grundnahrungsmitteln. Die venetianischen Seefahrer brachten sie von ihren Reisen aus Mexiko mit. Der Anbau von Bohnen geht in Italien bis ins 16. Jahrhundert zurück.

Mais-Bohnen-Topf der Pueblo-Indianer
Succotash   USA

1 Zuckermaisstücke mit Wasser rasch zum Kochen bringen, Hitze reduzieren und den Mais ca. 10 Minuten köcheln, abtropfen lassen.
2 Zwiebeln im erhitzten Fett glasig braten, Chilipulver zugeben, kurz mitbraten. Tomaten, Grüne Bohnen und vorgegarten Mais einrühren und alles ca. 10 Minuten köcheln.
3 Gekochte Bohnen einrühren, erhitzen, mit Salz und Pfeffer würzen, dicklich einkochen lassen. Mit Sonnenblumenkernen oder Petersilie bestreut servieren.

TIPPS: Succotash kennt viele Variationen, z. B. kann man mit den Zwiebeln noch 500 g Wildfleischwürfel anbraten.
Den Mais-Bohnentopf mit brauner Butter begießen und mit Apfelessig beträufeln.
Ist der Eintopf zu suppig, mit Mehlbutter binden.

4 junge zarte Zuckermaiskolben, in 4 cm lange Stücke geschnitten, ersatzweise Maiskörner aus der Dose, abgetropft
ca. ¼ l Wasser
2 Zwiebeln, gehackt oder 2 Stangen junger Lauch, fein geschnitten
2 EL Maiskeimöl oder Schweineschmalz
1 getrocknete rote Chilischote, zu Pulver zerstoßen
2 Tomaten gehäutet, entkernt, gehackt
250 g Grüne Bohnen, gegipfelt, in Stücke geschnitten
500 g Lima- oder Kidneybohnen oder Weiße Bohnen, gekocht oder aus der Dose, gut abgetropft
Salz, Pfeffer, frisch gemahlen
Sonnenblumenkerne oder Petersilie, Blättchen gehackt

»Succotash« ist in den USA ein sehr volkstümliches Rezept. Es gibt viele Variationen; statt Wildfleisch (s.o.) kann auch Geflügel oder Salzfleisch sowie Hackfleisch zugegeben werden. Nach der Überlieferung soll es das älteste Mais-Bohnen-Rezept (ca. 1620) sein. Die ersten Siedler haben es von den Ureinwohnern übernommen und es hat bis heute seinen indianischen Namen behalten.

◄ *Succotash mit Wildfleisch, USA*

Kanadischer Bohnentopf

500 g Kidneybohnen,
über Nacht eingeweicht
Salz
500 g durchwachsener Speck
4–5 EL Ahornsirup

1 Die eingeweichten Bohnen mit frischem Wasser bedeckt auf die Kochstelle setzen, einmal aufkochen, dann die Hitzezufuhr reduzieren und die Bohnen in ca. 60 Minuten garen. Probieren – die Bohnen sollen nicht zerfallen. Dann die Bohnen salzen.

2 Den Speck in kleine Würfel schneiden und in einer beschichteten Pfanne ohne Fett knusprig anbraten. Über die Bohnen geben.

3 Den Bohnentopf mit Ahornsirup abschmecken.

TIPP: Wenn es schnell gehen soll, Kidneybohnen aus der Dose verwenden. Diese mit kaltem Wasser überbrausen, gut abtropfen lassen und in Gemüse- oder Fleischbrühe erwärmen. Dann wie oben weiter verfahren.

Dieser Bohnentopf hat alles, was ein Trapper in seinem Notgepäck hat: Bohnen, Speck – und Ahornsirup!
Zu Hause schmecken dazu kleine Schalkartoffeln oder knusprige Brötchen oder englische Scones aus Backpulverteig, der mit Buttermilch und geriebenem Cheddar hergestellt wird.

Hauptgerichte mit Fisch & Meeresfrüchten

Thunfisch mit Bohnen
Tonno coi fagioli   Italien

1 Den Thunfisch unter kaltem Wasser abspülen, dann trocken tupfen.

2 Die Dicken Bohnen blanchieren und häuten. Butter mit Öl in einem Topf erhitzen, Zwiebel und Knoblauch darin hell anschwitzen. Nach Belieben etwas Tomatenmark einrühren. Die Bohnen zugeben und mit dem Weißwein aufgießen. Zugedeckt 15–20 Minuten garen. Zwischendurch nachsehen, ob genügend Flüssigkeit im Topf ist. Evtl. etwas Wasser zugießen.

3 Die Fischscheiben leicht mit Mehl bestäuben, überflüssiges Mehl abklopfen. Olivenöl in einer gusseisernen Pfanne erhitzen und die Thunfischscheiben darin von beiden Seiten nur kurz hellbraun anbraten (nicht zu lange, sonst wird der Thunfisch hart). Der Fisch sollte innen noch einen roten Kern haben. Salzen und pfeffern, auf die Bohnen legen und mit gehackter Petersilie bestreuen. Etwa 5 Minuten bei aufgelegtem Deckel ziehen lassen.
Beilage: Kleine neue Kartoffeln oder Brot.

TIPP: Das Rezept lässt sich auch mit frischen Erbsen (piselli) zubereiten. Statt Thunfisch kann auch festfleischiges Fischfilet (Kabeljau oder Schellfisch) verwendet werden.

4 Scheiben frischer Thunfisch
(Bauchstück) à 180 g
500 g frische junge Dicke Bohnen,
enthülst
alternativ TK-Bohnen,
aufgetaut
20 g Butter
2 EL Olivenöl
1 kleine Zwiebel, gehackt
1 Knoblauchzehe, gehackt
200 ml trockener Weißwein,
z. B. Soave oder Arneis

Nach Belieben:
1 EL Tomatenmark

etwas Mehl für den Fisch
4 EL Olivenöl extra nativ
½ Bund glatte Petersilie, Blättchen
gehackt
Meersalz und Pfeffer, frisch
gemahlen

Garnelenspießchen auf grünem Gemüse

1 Die Garnelenschwänze mit einem spitzen Messer einstechen und jeweils 4 Stück auf einen Spieß stecken. Aus den angegebenen Zutaten eine Marinade rühren und die Garnelen darin mindestens 1 Stunde marinieren.

2 Für die Erbsen das Olivenöl in einem Topf erhitzen und die Schalotten darin hell anschwitzen. Erbsen und Thymian zugeben, würzen und mit Noilly Prat beträufeln. Mit Brühe auffüllen, einen Deckel auflegen und die Erbsen 10–12 Minuten sanft garen. Kurz vor dem Servieren mit den Minzeblättchen vermischen.

3 In einem zweiten Topf Olivenöl erhitzen, die Schinkenwürfel kurz anschwitzen, dann Staudenselleriescheiben zugeben. Den Deckel auflegen und das Gemüse kurz dünsten. Dann die Zucchiniwürfel unterheben und die Brühe angießen. Das Gemüse ebenfalls 10–12 Minuten knackig garen. Dann mit Salz und Pfeffer würzen.

4 Die Marinade von den Garnelenspießen abstreifen und die Garnelen entweder unter dem Backofengrill oder auf dem Elektro-/Gasgrill von beiden Seiten jeweils ca. 3 Minuten braten.

5 Das Gemüse auf vorgewärmten Tellern anrichten, die Garnelenspieße darüberlegen.

TIPP: Für die Vorratshaltung gibt es tiefgekühlte Garnelenspieße. Diese können aufgetaut gegrillt werden (Vorsicht: Teilweise sind die Garnelenspieße schon vorgewürzt).

◄ *Garnelenspießchen auf grünem Gemüse*

Für die Garnelenspießchen:
16 küchenfertige Garnelen
(mit letztem Schwanzglied)
4 gewässerte Holzspieße oder
Zitronengrasstängel

Für die Marinade:
1 kleine Zwiebel, gehackt
2 Knoblauchzehen, fein gehackt
2 Chilischoten, entkernt, fein gehackt
Meersalz, weißer Pfeffer, frisch gemahlen
Saft von 1 Limette
2 Stängel glatte Petersilie, Blättchen gehackt
3 EL Olivenöl

Für die Erbsen:
2 EL Olivenöl extra nativ
2 Schalotten, fein gehackt
600 g frisch ausgelöste Erbsen, ersatzweise TK-Ware, aufgetaut
1 Zweig Zitronenthymian, Blättchen abgestreift
Meersalz, weißer Pfeffer, frisch gemahlen
1 Prise Zucker
4 EL Noilly Prat (südfranzösischer Vermouth)
400 ml Gemüse- oder Geflügelbrühe (evtl. Würfel)
½ Bund frische Minze, z. B. Apfelminze, Blättchen gezupft
2 EL Olivenöl extra nativ
80 g roher Schinken, gewürfelt
3 Stangen Staudensellerie, geputzt, in Scheiben geschnitten
1 kleiner Zucchino, in Würfel geschnitten
200 ml Gemüse- oder Geflügelbrühe (evtl. Würfel)

Asturischer Bohnen-Muschel-Topf
Fabes con almejas   Spanien

400 g Weiße Bohnen, über Nacht
eingeweicht
2 EL spanisches Olivenöl extra
nativ
1 Zwiebel, halbiert
2 Knoblauchzehen, halbiert
Kräuterstrauß aus 2 Petersilienstängeln und 2 Lorbeerblättern

Für die Muscheln:
500 g frische Venusmuscheln in
der Schale
1 dl trockener Weißwein, Riesling
oder Soave oder ähnlich
2 Knoblauchzehen, geschält, fein
gehackt
½ TL Cayennepfeffer oder
½ frische Chilischote, feinst
gehackt
1 TL Edelsüßpaprikapulver
Salz
1 Briefchen Safran oder einige
Safranfäden

1 Bohnen in einem Sieb abtropfen lassen. Öl erhitzen, Zwiebel- und Knoblauchhälften darin anschwitzen ohne zu bräunen. Kräuter zugeben, die Bohnen einlegen. Mit Wasser übergießen und rasch zum Kochen bringen. Hitze reduzieren und die Bohnen bei halb aufgelegtem Deckel ca. 1 ½ Stunden köcheln, zwischendurch abschäumen.

2 Muscheln unter fließendem kalten Wasser abbürsten, geöffnete Muscheln wegwerfen. Mit dem Wein und den Gewürzen einschließlich Paprikapulver zum Kochen bringen. Wenn sich alle Muscheln geöffnet haben, von der Kochstelle nehmen – geschlossene Exemplare entfernen.

3 Die Bohnen mit Salz und Safran würzen, Kräuter entfernen und die Muscheln zugeben, den Kochsud der Muscheln durch ein Sieb dazugießen. Noch kurz erhitzen, dann mit Weißbrot servieren.

Fabes con almejas, Spanien ▶

Kichererbsen mit Klippfisch
Garbanzos e bacalao   Spanien

6–8 Portionen

500 g Kichererbsen, über Nacht
eingeweicht
250 g Klippfisch, Mittelstück,
mindestens 24 Stunden in mehrfach gewechseltem Wasser eingeweicht
Für die Kichererbsen:
1 Zwiebel, fein gehackt
2 Lorbeerblätter, Salz

Mandelpaste:
4 ganze Mandeln, 1 Knoblauchzehe, fein gehackt
2 Eigelb von hart gekochten Eiern

Brotcroûtons:
2 EL Olivenöl
1 Scheibe Weißbrot, Kruste entfernt, Brot in Würfel geschnitten

Für den Spinat:
750 g frischer Spinat, geputzt,
ca. 3 Minuten blanchiert
oder TK-Blattspinat
2 EL Olivenöl, extra nativ
1 Zwiebel, geschält, fein gehackt
2 EL Mehl
1 EL Edelsüßpaprikapulver

1 Kichererbsen gut abtropfen lassen. Mit ca.
3 Liter Wasser, Zwiebel, Lorbeer und Salz rasch
zum Kochen bringen. Hitze reduzieren und die
Erbsen bei halb aufgelegtem Deckel ca. 1 ½ Stunden köcheln.
2 Den abgetropften Klippfisch in Stücke brechen und mit frischem kalten Wasser auf die
Kochstelle setzen. Zum Kochen bringen, Hitze
reduzieren und den Fisch ca. 30 Minuten sanft
kochen. Fisch in einem Sieb gut abtropfen
lassen, in kleine Stücke schneiden, anhaftende Haut und Gräten entfernen. Fisch mit einer
Gabel in Flocken teilen.
3 Für die Mandelpaste die Mandeln blanchieren, trocken tupfen und leicht anrösten, dann
hacken. Mit der Knoblauchzehe und den zer-
drückten Eigelben im Mörser zermahlen, bis eine
glatte Masse entsteht.
4 Den blanchierten Spinat gut abtropfen lassen,
etwas abkühlen lassen, dann ausdrücken.
5 Das Olivenöl erhitzen, die Brotwürfel anrösten, herausnehmen und auf Küchenkrepp legen.
Weiteres Öl zugießen, die Zwiebel für den Spinat
darin glasig anschwitzen. Mit Mehl bestäuben,
Spinat zugeben, unter Rühren warm schmoren.
6 Die abgekühlten Croûtons mit einem Well-
holz zerstoßen, unter die Mandelpaste rühren.
Diese Mischung zum Spinat geben, gut einrühren, mit Paprikapulver würzen.
7 Klippfischflocken und Spinat in die Kicher-
erbsensuppe rühren und weitere 15 Minuten
köcheln. Lorbeerblatt entfernen und die Suppe
in eine vorgewärmte Servierschüssel füllen.

Hauptgerichte mit Fleisch, Wurst & Speck

Lammeintopf mit weißen Bohnen
Fasoulia   Lybien/Maghreb

1 Das Lammfleisch in mundgerechte Würfel schneiden. In einem Schmortopf zusammen mit den Zwiebeln im erhitzten Öl anbraten.
2 Tomatenachtel und Knoblauch zugeben, Tomatenpüree und die Gewürze einrühren und die Bohnen darauf geben. Etwa ¼ l Wasser angießen, einen Deckel auflegen und das Gericht bei mittlerer Hitzezufuhr ca. 45 Minuten garen. Evtl. noch etwas Flüssigkeit zugießen.
3 Den Topfinhalt vermischen, mit Salz und Pfeffer abschmecken und mit Petersilie bestreut servieren.
Dazu schmeckt Couscous, nur mit Salz gewürzt, oder Reis.

600 g Lammfleisch, aus der Keule oder aus der Schulter
1 Gemüsezwiebel, gehackt
3–4 EL Olivenöl
2 mittelgroße reife Fleischtomaten, gehäutet, entkernt, in Achtel geschnitten
5 Knoblauchzehen, abgezogen, zerdrückt
1–2 EL Tomatenpüree, nach Geschmack
1 TL gemahlenes Kurkuma (Gelbwurz)
½ TL Chilipulver (Cayenne)
2–3 Gewürznelken
500 g kleine Weiße Trockenbohnen, über Nacht eingeweicht, abgetropft
Meersalz und Pfeffer, frisch gemahlen
1 Bund glatte Petersilie, Blättchen gehackt

Dies ist ein Gericht aus Libyen; das Land gehört zum »Maghreb«, zu dem auch Marokko, Tunesien und Algerien zählen. Ähnliche Gerichte findet man auch dort.

Bohnen-Fleischeintopf aus dem Midi
Cassoulet   Frankreich

8–10 Portionen

2 l Fleisch- oder Geflügelbrühe
500 g Weiße Bohnen, möglichst
eine kleinsamige Sorte
250 g frische Schweineschwarte
250 g durchwachsener Speck am
Stück
6 Knoblauchwürstchen
1 Bouquet garni (siehe Seite 77,
Haricots blancs à la Bretonne)
1 Zwiebel, geschält, halbiert
1 Möhre, geschält,
1 Stängel Staudensellerie
2 EL Gänsefett oder
Schweineschmalz

Fleischtopf:

300 g Schweinekotelett, ausgelöst,
gewürfelt
500 g Lamm- oder Hammelschulter,
gewürfelt
6 mittelgroße Zwiebeln, geschält,
geviertelt
2 EL Gänsefett oder Schweineschmalz
600 g reife Tomaten, gehäutet,
geviertelt
Bohnenkochwasser und
150 ml trockener Weißwein
1 Lorbeerblatt
Salz, Pfeffer, frisch gemahlen

1 Die Brühe erhitzen, Bohnen kurz waschen,
zugeben und 2 Minuten kochen. Topf von der
Kochstelle nehmen und die Bohnen 1 Stunde in
der Brühe quellen lassen.
2 Schweineschwarten und Speck mit Wasser
bedeckt 15 Minuten kochen, durch ein Sieb abgießen.
3 Knoblauchwürstchen einige Male mit dem
Messer anstechen. Bohnentopf wieder auf die
Kochstelle setzen, Schwarte, Speck und Würste
einlegen. Bouquet garni und das andere Gemüse
sowie das Fett zugeben. Aufkochen, Hitze reduzieren, evtl. abschäumen und alles im offenen
Topf 50 Minuten köcheln.
4 Würste aus dem Topf nehmen. Die Bohnen
weitere 30–40 Minuten sanft garen. Falls nötig
etwas Flüssigkeit nachfüllen.
5 Parallel dazu: In einem Schmortopf die
Fleischwürfel und die Zwiebeln im heißen Fett
rundum anbräunen. Tomaten zugeben, mit
etwas Bohnenkochwasser und Wein angießen,
Lorbeerblatt einlegen und würzen. Das Confit
unterziehen oder die angebratene Gänsekeule
zugeben, und das Fleisch ca. 1 ½ Stunden garen.
6 Schwarten und Speck aus dem Bohnentopf
nehmen, in Streifen schneiden. Würste und
Möhre in Scheiben teilen. Bouquet garni, Zwiebel und Staudensellerie wegwerfen. Bohnen
durch ein Sieb gießen, Flüssigkeit auffangen.

7 Eine ofenfeste Form lagenweise mit Bohnen, dann Schwarten, Speck und Wurstscheiben, dann Bohnen, darauf Fleisch füllen. Mit Bohnen abschließen. Ringsum einen Rand frei lassen. Da hinein Brühe und Bohnenkochwasser bis knapp unter den Rand gießen. Inhalt der Form auf der Kochstelle erhitzen, dann in den auf 160 °C vorgeheizten Backofen stellen und 1 ½ bis 2 Stunden – oder länger backen.

8 Herausnehmen, mit Bröseln bestreuen und mit Fett beträufeln und anschließend kurz unter dem Grill überbacken.

ODER das auf der Kochstelle erhitzte Cassoulet mit Bröseln bestreuen, mit Fett beträufeln und dann in den Backofen stellen. Ist die Oberfläche goldbraun, die Kruste leicht unter die Bohnen drücken, sodass sich eine weitere Kruste bilden kann – diese wird dann bei Tisch geknackt. Mit gehackter Petersilie bestreuen.

VARIANTE: Die abgezogene Zwiebel (für den Bohnentopf) ganz lassen und mit einigen Nelken spicken.

TIPP: Je länger ein Cassoulet sanft garen kann, umso besser verbinden sich die verschiedenen Geschmackskomponenten und desto besser schmeckt es!

Fleischtopf, Fortsetzung:
1 Glas Confit d'oie (eingemachte Gänseteile)
oder 1 Glas Confit de canard (eingemachte Ententeile)
oder 1 Gänsekeule, rundum in Fett angebraten

Zum Überbacken:
6 EL frisch geriebene Weißbrotbrösel
2 EL Gänsefett, verflüssigt
3 EL Petersilie, Blättchen gehackt

Carcassonne, Castelnaudary und etliche andere Städte im Midi (Südwesten Frankreichs) reklamieren für sich »das einzig wahre und authentische Rezept« für ein Cassoulet zu besitzen. Man kann sowohl in Carcassonne als auch in Castelnaudary – aber auch in den kleinen Dörfern der Region – köstliches Cassoulet essen. Ein Thema mit herrlichen Variationen!

Kichererbsen-Couscous mit Kefta
Couscous aux pois chiches et Kefta   Marokko

6 Portionen

Kefta-Mischung:
2 EL Olivenöl
2 Gemüsezwiebeln, fein gehackt
500 g Hackfleisch vom Lamm
5–6 EL Tomatenpüree oder
Tomatenmark
Salz und Pfeffer, frisch gemahlen
Chilipulver oder Chiliflocken

Brühe:
1 große Zwiebel, geschält, geviertelt
½ TL Kreuzkümmel, gemahlen
1 Thymianzweig
100 g Kichererbsen, über Nacht
eingeweicht, gut abgetropft
Häutchen abgerieben)

Weitere Zutaten:
500 g Couscous (Hartweizengrieß)
4 EL Butterschmalz oder
eingesottene Butter

Zum Anrichten:
2 EL Olivenöl extra nativ oder
Arganöl
Salz, Pfeffer, Chilipulver, Kräuter der
Provence
oder frische Thymian- und Oreganoblättchen, etwas Bohnenkraut und
wenig gehackter Rosmarin

1 Kefta-Mischung: Olivenöl erhitzen, Zwiebeln darin glasig dünsten. Lammfleisch unter Rühren so lange anbraten, bis es krümelig wird. Tomatenpüree oder -mark unterrühren, kräftig würzen; warm halten.

2 Für die Brühe alle Zutaten im unteren Teil eines Couscoussier (Topf mit Dampfeinsatz) mit ca. 1 ¼ Liter Wasser zum Kochen bringen. Aufkochen lassen, die Hitze reduzieren.

3 Während die Brühe siedet, den Couscous in einer flachen Schüssel mit kaltem Wasser übergießen, dann durch ein Sieb abgießen. Mit einer Gabel auflockern, bis der Grieß zu quellen beginnt. Couscous zwischen den Händen rollen, bis sich die Körnchen voneinander lösen.

4 Den Aufsatz auf den unteren Teil des Couscoussier setzen, mit einem Musselintuch auslegen und die Hälfte des Couscous einfüllen. Ist der Dampf durch die Körnchen gezogen, den Rest zugeben, gelegentlich mit einer Gabel auflockern. Deckel auflegen. Nach 30 Minuten den Couscous wieder in die flache Schüssel geben, mit leicht gesalzenem Wasser besprenkeln und auflockern. Erneut in den Aufsatz füllen und nochmals 30 Minuten über der siedenden Brühe garen, bis der Grieß weich ist.
Oder den Couscous nach 30 Minuten in die flache Schüssel füllen, lockern und 2 Esslöffel flüssiges Butterschmalz unterziehen. Weiter auflockern und das restliche Butterschmalz über dem Couscous verteilen. Den Deckel nicht auflegen.

5 Couscous in eine Servierschüssel füllen, mit Kefta-Mischung und Kichererbsen-Brühe bedecken. Mit erhitztem Butterschmalz und Öl vermischen. Mit den Gewürzen und Kräutern abschmecken, heiß servieren.

Kichererbsen-Couscous, Marokko ▶

Kanarischer Kichererbseneintopf mit Gofio
Puchero Cocido   Kanarische Inseln

6–8 Portionen

250 g Kichererbsen, über Nacht
eingeweicht
500 g Suppenfleisch vom Rind
500 g gepökelte Schweinerippchen
4 Hühnerkeulen oder
½ Suppenhuhn
2 Chorizos oder andere
Knoblauchwurst
125 g durchwachsener Speck

Gewürze:
2 Gewürznelken
1 Msp. Kreuzkümmelsamen
½ Briefchen Safran, Fäden in wenig
Wasser aufgelöst
Meersalz
je 500 g Süßkartoffeln und
Kartoffeln, geschält, in dicke
Scheiben geschnitten

Das Rezept für den Puchero stammt von Carolina, einer Bäuerin, die auf Fuerteventura einen kleinen Hof bewirtschaftete. Es ist ein altes christlich-jüdisches Gericht. Die Zubereitung ist etwas zeitaufwändig – aber das Ergebnis ist wirklich überzeugend!

1 Kichererbsen mit dem Einweichwasser, dem Fleisch, der Wurst und dem Speck rasch zum Kochen bringen. Soviel frisches Wasser zugießen, dass alles bedeckt ist. Hitze reduzieren, Schaum abschöpfen, ca. 40–50 Minuten köcheln. Gewürze zugeben und die Kartoffelscheiben einlegen, weitere 20 Minuten garen.
2 In einem zweiten Topf das Öl erhitzen, Zwiebel und Knoblauch darin anschwitzen. Tomaten mitschmoren, bis ein Mus entsteht.

HINWEIS: Traditionell wird zu diesem Eintopf »Gofio« gereicht: Weizen, Mais, Gerste oder Hirse werden zu gleichen Teilen zuerst auf einem »Tostador« geröstet (früher wurden auch Kichererbsen und Saubohnen, ja sogar Farnwurzeln geröstet) und dann gemahlen und in einem Holzbehälter aufbewahrt.
Zum Verzehr wird dann mit wenig Flüssigkeit – Wasser oder Öl, Milch oder Molke, auch Wein – eine geschmeidige Masse geknetet (Gofio amasado), die wie Brot zum Eintopf gegessen wird.

3 Nacheinander, je nach Garzeit, das Gemüse zugeben und knapp gar kochen, es soll nicht verkochen. Mit soviel Brühe aus dem Fleischtopf aufgießen, dass alles davon knapp bedeckt ist. Das gegarte Gemüse vorsichtig mit einer Schöpfkelle aus der Brühe heben und auf eine vorgewärmte Platte legen. Evtl. später noch einmal kurz in der Brühe erwärmen.

4 Fleisch, Wurst und Speck in Portionen teilen und in einer vorgewärmten Schale anrichten. Mit den Kartoffelscheiben und Kichererbsen umlegen, darauf das Gemüse anrichten. Die Brühe in Teller verteilen, einige Minzeblättchen einstreuen, mit der Fleischschüssel servieren.

Schmoransatz:

2 EL Maiskeimöl
1 Zwiebel, gehackt
6–8 Knoblauchzehen, gehackt
2 Tomaten, gehäutet, gehackt

Gemüse:

2 Möhren, geschrappt, halbiert
2 frische Zuckermaiskolben, jeweils in 4 Stücke geschnitten
250 g Stangenbohnen, halbiert
500 g Weißkohl in Portionsstücken
250 g Kürbisfleisch, gewürfelt
je 1 Zucchino und 1 Chayote (Christophine), geviertelt
Minzeblätter

Schabbat-Schmortopf mit Bohnen
Tscholent   Israel

1 Backofen auf 160 °C vorheizen. Die eingeweichten Bohnen gut abtropfen lassen, mit Salz und Pfeffer würzen.

2 In einer ofenfesten Form mit gut schließendem Deckel (z. B. Gusseisen) die Zwiebeln im erhitzten Öl anschwitzen. Von der Kochstelle nehmen. Nun zuerst die Bohnen, darauf das Fleisch einschichten. Es folgen die Graupen, Zwiebeln und Kartoffeln. Obenauf kommen die hart gekochten Eier in der Schale. Den Tscholent mit so viel Brühe oder Wasser auffüllen, dass alle Zutaten gut bedeckt sind.

3 Tscholent auf der Kochstelle rasch zum Kochen bringen. Bei aufgelegtem Deckel etwa. 30 Minuten bei mittlerer Hitzezufuhr kochen. Dann in den Backofen stellen und ca. 1 Stunde bei 160 °C schmoren. Die Hitzezufuhr auf niedrigste Stufe einstellen und den Tscholent über Nacht sanft garen.

4 Vor dem Servieren die Eier entnehmen, schälen und halbieren und den Tscholent mit Salz und Pfeffer abschmecken. Den Eintopf auf einer großen Platte anrichten, mit den halbierten Eiern garnieren.

6 Portionen

450 g große Weiße Bohnen,
über Nacht eingeweicht
Salz, Pfeffer, frisch gemahlen
200 g Weizengraupen
2 Gemüsezwiebeln oder
4 weiße Zwiebeln, gehackt
3 EL Pflanzenö
1 kg Rindfleisch (Schulter oder
Brustkern), in Würfel geschnitten
1 Kalbshaxe, ausgelöst, Fleisch in
Würfel geschnitten
6 Schalotten mit Schale
12 kleine Kartoffeln, geschält
6 Eier, hart gekocht
Rinderbrühe oder Wasser zum
Auffüllen

◄ *Tscholent, Israel*

Ca. 10–12 Portionen

Bohnentopf:

2 kg Braune oder Schwarze Bohnen,
über Nacht eingeweicht
je 2 frische Schweinefüße und
-ohren, gesalzen,
über Nacht gewässert
250 g Räucherspeck am Stück
1 geräucherte Rinderzunge,
abgezogen, 1 Rollschinken

Fleischtopf:

1 kg gesalzenes Trockenfleisch,
1 kg Schweinerücken, gesalzen,
1 kg Kotelettstück, gesalzen,
1 kg Lingüiça*; ersatzweise Chorizo

Refogado (Saucenbasis):

4 EL Schweineschmalz oder Öl
3 große Zwiebeln, gehackt
6 Knoblauchzehen, gehackt
1 grüne Paprikaschote, entkernt,
gewürfelt
6 Tomaten, gehäutet, entkernt,
gehackt
1–2 Chilischoten, entkernt, gehackt
original: Pimenta Malagueta

Kräuterbund:

1 Bund Petersilie, mit 2–3 Frühlingszwiebeln zusammengebunden

Beilagen:

Weißer Reis, Orangenscheiben und
Farofa (Maniokmehl, mit Fett gebraten und gewürzt)

* Lingüica ist eine ursprünglich in Portugal be-
heimatete Wurstspezialität, mit Knoblauch,
Zimt und Kümmel gewürzt.

Brasilianischer Bohnen-Fleischtopf

Feijoada completa Brasilien

1 Abgetropfte Bohnen mit Wasser bedeckt zum
Kochen bringen; Hitze reduzieren und die Bohnen ca. 30 Minuten köcheln, Schaum abnehmen.
Dann die Schweinefüße, Ohren, Speck, Rinderzunge und Rollschinken zu den Bohnen geben
und die Bohnen bei halb aufgelegtem Deckel ca.
1 ½ Stunden köcheln.
2 In einem zweiten großen Topf das Fleisch mit
Wasser bedeckt zum Kochen bringen; Hitze reduzieren, Schaum abschöpfen und das Fleisch so
lange wie die Bohnen köcheln.
3 Dann das Fleisch in den Bohnentopf geben,
die Wurst in dicken Scheiben einlegen. Falls Flüssigkeit fehlt, noch etwas Wasser zugießen. Nun
köchelt der Eintopf für etliche Stunden bei geringer Hitzezufuhr – je länger, desto besser.
4 Für die Saucenbasis das Fett erhitzen. Zwiebeln und Knoblauch darin anschwitzen. Paprika
und Tomaten zugeben und durchschmoren. Chili
und Kräuter zugeben und den Refogado ca. 15
Minuten durchschmoren, umrühren. Nach und
nach aus dem Bohnentopf einige Schöpfkellen
voll Bohnen zugeben und die Bohnen leicht zerdrücken. Die Saucenbasis in den Bohnentopf einrühren, Kräuterbund entfernen. Alle Zutaten gut
vermischen und noch 30 Minuten durchköcheln.
5 Das Fleisch aus dem Topf nehmen, ebenso
die Schweinefüße und Ohren, den Speck und die
Zunge. Alles in Scheiben oder Würfel schneiden
und in einer vorgewärmten tiefen Platte anrichten. Die Bohnen in einer Schüssel anrichten und
mit Reis, Farofa und Orangenscheiben servieren.

Feijoada, Brasilien ▶

Bohnentopf mit Chili und Fleisch
Chili con carne   USA

6–8 Portionen

500 g Kidneybohnen oder Weiße
oder Rote Bohnen, knapp gar
gekocht (siehe Seite 43)
oder Bohnen aus der Dose,
gut abgetropft
1 kg Rindfleisch (z. B. Keule oder
Bug), gewürfelt, oder ½ Rindfleisch und ½ Chorizo, gewürfelt
4 EL Butterschmalz (eingesottene
Butter) oder Sonnenblumenöl
1 TL Kreuzkümmelsamen
1 Gemüsezwiebel, gehackt
2 Knoblauchzehen, zerdrückt
2 grüne Paprikaschoten (Peperoni),
entkernt, gewürfelt
1 TL getrockneter Oregano
1 Dose geschälte Tomaten (Einwaage 625 g)
6 TL Chilipulver oder Chiliflocken
oder frische Chilischoten, entkernt,
gehackt – Menge nach Geschmack
Salz
ca. ½ l Flüssigkeit, halb Rotwein,
halb Wasser

1 Die Bohnen abtropfen lassen. Die Fleischwürfel oder Fleisch- und Wurstwürfel in einem großen Topf in 2 EL heißem Fett ringsum anbraten.
2 In einer Pfanne den Kreuzkümmel ohne Fett
anrösten, bis die Samen zu knistern beginnen,
zum Fleisch geben. In derselben Pfanne das restliche Fett erhitzen, Zwiebel und Knoblauch darin
anschwitzen. Paprikawürfel zugeben, ca. 5 Minuten mitbraten, mit Oregano bestreuen; alles in
den Topf geben.
3 Gehackte Tomaten und Chili nach Geschmack
sowie die Bohnen zugeben. Mit der Flüssigkeit
aufgießen und das Chili bei geringer Hitzezufuhr
ca. 1–1 ½ Stunden köcheln. Öfter umrühren,
Fett, das an die Oberfläche tritt, abschöpfen.
Weißen Reis dazu servieren.

VARIANTE: Chili statt mit Wasser-Wein-Mischung mit hellem Bier aufgießen!

TIPPS: Die Hälfte der Fleischwürfel durch den
Fleischwolf (grobe Scheibe) drehen, das macht
das Gericht sämiger. Chili con carne darf nicht
suppig sein, lieber noch länger einköcheln.
Werden Dosenbohnen verwendet, diese erst
nach der Hälfte der Garzeit zugeben.

Chili con carne wurde ursprünglich ohne Bohnen zubereitet. Inzwischen gehören die Bohnen
dazu. Über die Beschaffenheit des Fleisches wird jedoch oft gestritten: Soll es nun Hackfleisch
sein oder schmecken Fleischwürfel oder gar eine Mischung besser?
In den USA werden jedes Jahr Chili-Festivals abgehalten, wo schwitzende Helden der Küche in
riesigen Kesseln ihr spezielles Chili kochen.

Chili con carne, Südwesten der USA ▶

Augenbohnen mit Reis und Speck
Hopping John   USA

1 Die Augenbohnen mit kaltem Wasser bedeckt rasch zum Kochen bringen. Hitze reduzieren und die Bohnen bei halb aufgelegtem Deckel ca. 40–50 Minuten köcheln, gelegentlich abschäumen. Bohnen durch ein Sieb abgießen, eine Tasse Flüssigkeit aufheben.

2 Den Bacon in einer schweren Pfanne ohne Fett knusprig braten, auf Küchenkrepp abtropfen lassen.

3 Zwiebel im ausgebratenen Fett anschwitzen, Knoblauch dazu pressen, kurz mitbraten. Bohnen und den heißen Reis zugeben, beides warmrühren. Etwas Kochwasser und den Essig zufügen – das Gericht soll nicht suppig, nur feucht sein. Nach ca. 5 Minuten mit Salz und Pfeffer abschmecken. In eine Servierschüssel füllen und mit den Baconscheiben, Petersilie und Frühlingszwiebeln bestreuen.

150 g Augenbohnen,
über Nacht eingeweicht
4 Scheiben Bacon oder
Frühstücksspeck
1 kleine Zwiebel, fein gehackt
1–2 Knoblauchzehen, feinst
gehackt oder durchgepresst
250 g gegarter, noch heißer
Langkornreis
2 EL Rotweinessig
Salz, Pfeffer, frisch gemahlen
½ Bund Petersilie, Blättchen
gehackt
1 Frühlingszwiebel mit Grün oder
einige Blätter Bärlauch oder wilder
Knoblauch, gehackt

Das Rezept »Hopping John«, auch »Hoppin' John«, ist seit 1841 in Charlestown (South Carolina) mündlich überliefert. Es wird traditionell zu Neujahr serviert. Dazu gibt es Maisbrot und grünen Salat (die Bohnen stehen für die Münzen, das Maisbrot für Gold und der grüne Salat für Dollarnoten).

◄ *Hopping John, Süden der USA*

Lammragout mit Linsen und Kürbis

Tajine Marokko

4–6 Portionen

400 g Braune oder Grüne Linsen
800 g Kürbisfleisch (bereits
geschält und entkernt) –
vorzugsweise Moschuskürbis
Salz und 1 Prise Zucker
250 g Lammfleischwürfel, mariniert
mit Knoblauch, Safran,
Kreuzkümmel, Pfeffer, Petersilie
und Olivenöl
20 g Bratfett, z.B. Pflanzenöl
2 große milde Zwiebeln, geviertelt
je 1 TL Kreuzkümmel- und
Edelsüßpaprikapulver
2 TL Kreuzkümmelsamen
1 Msp. Chiliflocken
2 rote Chilischoten/Peperoncini
4 reife Tomaten, gehäutet,
entkernt, gehackt
2 EL Tomatenmark
Wasser oder Lammbrühe
3–4 EL Butterschmalz (eingesottene
Butter)

1 Ältere Linsen über Nacht einweichen, Linsen der neuen Ernte nur kurz mit Wasser überbrausen. Das Kürbisfleisch in dicke Scheiben schneiden, beiseite stellen.
2 Fleisch in feine Streifen schneiden, zusammen mit den Zwiebelvierteln und den Gewürzen im Fett anbraten.
3 Chili in schmale Ringe schneiden, mit den gehackten Tomaten und dem Tomatenmark zum Schmoransatz geben und unterrühren. Mit Wasser oder Lammbrühe aufgießen, alle Zutaten sollen bedeckt sein; ca. 30 Minuten sanft kochen.
4 Die Linsen separat mit kaltem Wasser aufsetzen und bei milder Hitzezufuhr ca. 30 Minuten kochen, abschäumen.
5 Die Kürbisscheiben in leicht gesalzenes und gezuckertes, kochendes Wasser einlegen und ca. 20–30 Minuten garen, probieren. Abtropfen lassen, im Fett anschwenken.
6 Linsen mit dem Schmoransatz vermischen, erwärmen. In eine Servierschüssel füllen, mit dem Kürbis garnieren.
Couscous dazu reichen.

HINWEISE: Original wird das Gericht mit »Khlii« (getrocknete Lamm- oder Rindfleischstreifen, in Öl oder Rinderfett geköchelt und eingemacht) zubereitet.
Siehe auch Seite 144 »Tajine mit Grünen Bohnen«.

Hauptgerichte, vegetarisch

Reis mit Erbsen
Risi e bisi   Italien

1 Frische Erbsenhülsen entfädeln, Erbsen herauslösen. Aus den Hülsen mit etwas Salz und wenig Zucker eine Gemüsebrühe kochen (zum Aufgießen des Risottos verwenden).
2 Butter mit Olivenöl in einem Topf erhitzen, Zwiebel- oder Schalottenwürfel zugeben, unter Rühren anbraten.
3 Reis zugeben, gut mit einem Holzlöffel verrühren, damit alle Reiskörner von Fett überzogen sind. Mit einem Teil der heißen Brühe aufgießen. Risotto unter stetem Umrühren ca. 12 Minuten köcheln (immer wieder etwas heiße Brühe bzw. Wein nachgießen, damit der Reis nicht ansetzt).
4 Ausgelöste Erbsen oder Tiefkühlerbsen zugeben, weitere Flüssigkeit angießen. Petersilie oder Fenchel und Salz einstreuen, weitere 6–8 Minuten unter Rühren köcheln. Probieren, ob der Reis »al dente« ist, er sollte innen noch einen festen Kern haben.
5 Risotto pfeffern, den Parmesan und die Butter unterziehen und servieren.

TIPPS: Risotto darf nicht trocken sein, die Konsistenz soll leicht suppig sein.
»Risi e bisi« schmeckt als kleine Mahlzeit mit einem Glas Wein, ist aber auch ein guter Begleiter zu geschmorten Tomaten oder knapp gegartem grünem Spargel.

3–4 Portionen

1 kg frische Markerbsen in der Hülse, ausgelöst ca. 400–500 g Erbsen oder TK-Erbsen (Markerbsen)

Battuto:
20 g Butter
2 EL Olivenöl extra nativ
1 Zwiebel oder 2 Schalotten, fein gehackt

Weitere Zutaten:
200 g Reis: Carnaroli oder Vialone nano, superfino
ca. ¾–1 l Gemüsebrühe, erhitzt
oder ¾ l Gemüsebrühe und ¼ l trockener Weißwein
2 EL Petersilienblätter oder Fenchelsamen
Salz, Pfeffer, frisch gemahlen
3–4 EL junger Parmesan, frisch gerieben
1 nussgroßes Stück Butter

Tajine mit Grünen Bohnen
Tajine aux haricots verts   Marokko

4–5 Portionen

600 g Grüne Bohnen

Saucenbasis:
2 EL Olivenöl
4 Knoblauchzehen, abgezogen, zerdrückt
3–4 rote Zwiebeln (je nach Größe), in Streifen geschnitten
1–2 rote Chilischoten – nach Geschmack, in Ringe geschnitten, entkernt
1 TL Koriandersamen, leicht angequetscht
2 cm frische Ingwerwurzel, geschält, feinst gehackt
1 Prise Safranfäden, in etwas Gemüsebrühe aufgelöst
20 Kirschtomaten, gelb oder rot
1 TL Zucker
1 TL Thymianblättchen
24 schwarze, entsteinte Oliven
2–3 EL Zitronen- oder Granatapfelsaft
Meersalz und Pfeffer, frisch gemahlen
½ Bund glatte Petersilie, Blättchen gehackt

1 Die Bohnen waschen, gipfeln und einmal durchschneiden. In Salzwasser 12–15 Minuten knackig garen, abtropfen lassen.
2 Butter mit Olivenöl in einem Schmortopf oder in einer Tajine erhitzen. Zerdrückte Knoblauchzehen, Zwiebeln und Chili darin anschwitzen. Die Gewürze zugeben und mit wenig Wasser angießen. 4–5 Minuten bei aufgelegtem Deckel köcheln.
3 Die Bohnen unter den Schmoransatz heben und die Kirschtomaten obenauf legen. Mit Zucker und Thymianblättchen bestreuen und solange garen, bis die Tomaten eine runzelige Haut haben.
4 Die Oliven zur Tajine geben, mit Zitronen- oder Granatapfelsaft beträufeln, weitere 6–8 Minuten köcheln. Mit Salz und Pfeffer abschmecken und mit Petersilie bestreut servieren. Dazu schmeckt knuspriges Brot.

VARIANTE: Das Gericht mit 175 g über Nacht eingeweichten Weißen Bohnen zubereiten. Die Bohnen mit frischem Wasser auf die Kochstelle setzen, 5 Minuten sprudelnd kochen, dann bei kleiner Hitzezufuhr 50–60 Minuten köcheln. Unter kaltem Wasser abschrecken, abtropfen lassen und wie oben weiter verfahren.

Tajine mit Grünen Bohnen, Marokko ▶

»Tajine« ist eine flache Schale mit Rand aus extra gebranntem, oft auch glasiertem Ton (es gibt unterschiedliche Ausführungen) mit passendem kegelförmigem Deckel. Hierin werden in Marokko Eintöpfe zubereitet, die nach diesem Geschirr benannt sind. Das Geschirr in den auf 180°C vorgeheizten Backofen stellen und das Gericht zugedeckt darin garen. So bleiben alle Geschmacksnuancen optimal erhalten.

Grüne Bohnen mit Seidentofu-Sauce

300 g weicher Seidentofu
(erhältlich im Asia-Shop)
600 g frische Grüne Bohnen
1 Prise Meersalz

Sauce:
3 EL weißer Sesamsamen
2 TL feiner Zucker
2 EL helle Sojasauce
1 TL Sake (Japanischer Reiswein,
erhältlich in Asia-Shops)
Fleur de sel (feines Meersalz)

1 Den Seidentofu in kochendem Wasser 2–3 Minuten blanchieren. In ein sauberes, gebrühtes Küchentuch wickeln und zwischen zwei Brettchen zum Abtropfen legen.
2 Bohnen waschen, gipfeln und die Bohnen in leicht gesalzenem Wasser in etwa 10–15 Minuten knackig garen, abtropfen lassen.
3 Den Sesamsamen in einer Pfanne ohne Fett leicht anrösten. Kurz abkühlen lassen, dann in einem Mörser zerstoßen. Tofu durch ein Sieb zum Sesamsamen drücken und gut vermischen. Die Sauce mit Zucker, Sojasauce, Sake und Fleur de sel würzen, abschmecken.

Dicke Bohnen mit Mangold
Scafata   Italien

4–6 Portionen

4 EL fruchtiges Olivenöl extra nativ
1 Möhre, geschält, gewürfelt
1 Zwiebel, gehackt
1 Knoblauchzehe, fein gehackt
1 Stängel Staudensellerie, in
feine Scheiben geschnitten
1,2 kg frische Dicke Bohnen,
enthülst, geschält (= 500 g netto)
500 g junger Schnittmangold
450 g Tomaten, gehäutet, entkernt, gehackt
je 1 Bund glattblättrige Petersilie
und Minze, Blättchen gehackt
Salz, Pfeffer, frisch gemahlen
etwas Olivenöl zum Beträufeln

1 Öl erhitzen, Möhrenwürfel zugeben, anschwitzen; dann Zwiebel, Knoblauch und Staudensellerie einrühren und das Gemüse unter Rühren einige Minuten anbraten.
2 Bohnen zufügen, ebenfalls anschmoren. Würzen, sehr wenig Flüssigkeit angießen, den Topfdeckel auflegen und das Bohnengemüse bei geringer Hitzezufuhr, je nach Größe der Bohnenkerne, ca. 6–8 Minuten garen. Falls nötig, etwas Wasser nachgießen.
3 Mangold waschen und in Streifen schneiden. Mit den Tomaten in den Bohnentopf geben. Bei halb aufgelegtem Deckel dünsten, bis das Gericht eindickt. Die Bohnen probieren.
4 Petersilie und Minze einrühren und würzen. Die Scafata mit etwas Olivenöl beträufeln. Leicht geröstete Brotscheiben oder Ofenkartoffeln passen gut dazu.

Kichererbsen – Fastenspeise

Harira Maghreb / Orient

1 Die Kichererbsen in ein Sieb schütten und abtropfen lassen, die Häutchen abreiben und mit klarem Wasser abspülen. Dann in einem Topf mit frischem Wasser bedeckt zum Kochen bringen, die Hitzezufuhr reduzieren und die Kichererbsen ca. 1 Stunde garen, sie sollen nicht zu weich sein.
2 In einem zweiten Topf das Öl erhitzen, Zwiebelscheiben und zerdrückte Tomaten darin anschwitzen. Staudensellerieherzen zugeben und ebenfalls anschwitzen. Die gegarten Kichererbsen untermischen, mit Salz und Pfeffer sowie Safran würzen. Mit Wasser auffüllen und noch ca. 20–30 Minuten köcheln, probieren, ob die Zutaten weich sind.
3 Gekochten Reis oder Nudeln zugeben, erhitzen und mit dem angerührten Mehl die Suppe binden. Abschmecken, evtl. nachwürzen und mit Koriandergrün bestreut zu Tisch geben. Mit Zitronenachteln und frischen Datteln servieren

VARIANTEN: Etwas sättigender wird die Suppe wenn noch Möhrenscheiben und Kartoffelwürfel mitgegart werden.
Statt Kichererbsen Braune Linsen oder Weiße Bohnen verwenden.

Während des Ramadan (Fastenmonat) wird diese Suppe in den Familien gläubiger Moslems nach Sonnenuntergang gegessen.

4–6 Portionen

250 g Kichererbsen, über Nacht eingeweicht
2 EL Olivenöl
1 große Gemüsezwiebel, in Scheiben geschnitten
2 große reife Fleischtomaten, gehäutet, entkernt, zerdrückt oder Dosentomaten
2 Staudensellerieherzen, in Achtel geschnitten
Meersalz und Pfeffer, frisch gemahlen
2 Prisen Safranfäden

Einlage:
100 g gekochter Reis oder Fadennudeln
2–3 EL Mehl, mit etwas Wasser angerührt
oder 2 EL Mehl und 1 EL Tomatenpüree
1 Bund Koriander, Blättchen gehackt

Beilagen:
Zitronenachtel
frische Datteln

Tofu-Pilzpfanne
Boeh Soehg DuBu Tsoen   Korea

250 g frische Shiitakepilze
250 g Austernpilze
250 g Champignons
in der Pilzsaison statt Champignons:
250 g frische Pfifferlinge
oder 250 g frische Maronen,
ersatzweise 150 g getrocknete
Mu-Err-Pilze
4 EL helle Sojasauce
400 g Tofu (1 Block)
3 Knoblauchzehen, feinst gehackt
2 TL Sesamöl

Weitere Zutaten:
4 Frühlingszwiebeln
1 rote Paprikaschote
Meersalz, Pfeffer, frisch gemahlen
1 TL geröstete Sesamsamen
oder gehackte Korianderblättchen

TIPP: Die Tofu-Pilzpfanne lässt sich problemlos im Wok zubereiten.

VARIANTE: Das Gericht noch mit gehackten Korianderblättchen bestreuen.

1 Die frischen Pilze mit einem Tuch oder Küchenkrepp abreiben oder mit einer weichen Bürste von anhaftendem Schmutz befreien. Größere Pilze halbieren oder in Stücke schneiden, die Stängel entfernen. Die Pilze mit einem Tuch bedeckt zur Seite stellen.

2 Die Trockenpilze unter kaltem Wasser abspülen, dann in lauwarmes Wasser einlegen und aufquellen lassen (je nach Größe 30–50 Minuten). Pro 100 g Trockenpilze etwa 100 ml Wasser rechnen. Das Einweichwasser abgießen und die Pilze in kleine Stückchen schneiden, mit der Sojasauce marinieren.

3 Den Tofu abtrocknen und ca. 10 Minuten ruhen lassen. Anschließend in ca. 1 cm große Würfel schneiden. Sesamöl in einer Pfanne (oder einem Wok) erhitzen, Tofuwürfel und Knoblauch darin anbraten.

4 Die Frühlingszwiebeln mit Grün in schräge Scheiben schneiden. Paprikaschote vierteln, entkernen, weiße Trennwände entfernen und das Fruchtfleisch in feine Streifen schneiden. Das Gemüse in die Tofupfanne geben.

5 Die vorbereiteten Pilze, auch die eingelegten Trockenpilze, in die Pfanne geben und unter ständigem Rühren etwa 12–15 Minuten braten. Die Pilze sollten noch »Biss« haben. Evtl. etwas Wasser angießen.

6 Die Tofu-Pilzpfanne mit Salz und Pfeffer würzen und evtl. noch mit Sojasauce abschmecken. Mit den Sesamsamen/Korianderblättchen bestreut servieren.
Beilage: Gekochte Glasnudeln oder gegarter Klebereis.

Arabisch-Jüdisches Linsen-Reisgericht
Mejadarra   Israel / Naher Osten

4–6 Portionen

450 g große Braune Linsen
(Tellerlinsen)
1 TL Sonnenblumenöl
1 Zwiebel, gehackt
Salz, Pfeffer, frisch gemahlen
225 g Langkornreis, kalt gewaschen
und abgetropft
1 Tasse Wasser, knapp ¼ l

Weitere Zutaten:
2 TL Sonnenblumenöl
2 Zwiebeln, in halbe Scheiben geschnitten
Beilage: Naturjogurt

1 Linsen unter fließendem Wasser abspülen.
In einem Topf mit kaltem Wasser bedeckt langsam zum Kochen bringen. Hitze reduzieren,
aufsteigenden Schaum abnehmen, evtl. noch
etwas Wasser nachgießen. Linsen ca. 15 Minuten
vorgaren.
2 Öl erhitzen, Zwiebelwürfel darin anschwitzen,
zu den vorgegarten Linsen geben, salzen und
pfeffern.
3 Den abgetropften Reis in den Linsentopf
füllen, noch ca. ¼ Liter Wasser nachgießen, gut
umrühren. Topfdeckel auflegen und das Gericht bei geringer Hitzezufuhr in ca. 20 Minuten
garen; probieren, ob der Reis weich ist.
4 Öl erhitzen, die Zwiebelscheiben darin anbräunen.
5 Linsen-Reis-Gericht in eine Servierschüssel
füllen, mit den gebräunten Zwiebeln bestreuen.
Gut gekühlten, leicht verquirlten Jogurt dazu
servieren.

TIPP: Mejadarra kann warm oder kalt gegessen werden. Wer die Zwiebeln karamellisieren
möchte, streut noch ein wenig Zucker darüber.

Laut Überlieferung soll dies das berühmte »Linsengericht« sein, das bereits im Alten Testament
erwähnt wird. Jedoch weiß man nicht, woher der Reis kommt!

Mauren und Christen – Schwarze Bohnen mit weißem Reis

Moros y Cristianos   Spanien

1 Die Bohnen abgießen. Mit dem Lorbeerblatt, den Zwiebelhälften und Knoblauch in einen Topf geben, mit frischem Wasser bedeckt rasch zum Kochen bringen. Hitze reduzieren, Deckel auflegen und die Bohnen unter gelegentlichem Abschäumen ca. 40–45 Min. köcheln.

2 Olivenöl mit den Gewürzen und dem Mehl verquirlen, unter die Bohnen mischen, 15 Minuten sanft weiter kochen; dann Lorbeerblatt und Zwiebelhälften entfernen.

3 Für den Reis Wasser mit Salz und Weißwein aufkochen. Butter oder Olivenöl erhitzen, Schalotten darin anschwitzen. Den Reis unter Rühren zugeben, 2 Minuten mitbraten, bis er vom Fett überzogen ist. Die Wasser-Wein-Mischung angießen, umrühren. Einen Deckel auflegen und den Reis bei geringer Hitzezufuhr ca. 15 Minuten garen. Topf von der Kochstelle nehmen und den Reis noch 5 Minuten quellen lassen.

4 Eine Ringform mit Butter auspinseln, den Reis in die Form füllen und fest andrücken. Etwa 10 Minuten ruhen lassen.

5 Die Bohnen auf eine vorgewärmte Platte schöpfen und den Reisring darauf stürzen.

4–6 Portionen

250 g Schwarze Bohnen, über Nacht eingeweicht
1 Lorbeerblatt
1 Zwiebel, halbiert
2 Knoblauchzehen, durch die Presse gedrückt

Zum Würzen:

4 EL Olivenöl
1 TL Edelsüßpaprikapulver
1 TL Salz, Pfeffer, frisch gemahlen
1 Prise Cayennepfeffer oder Chiliflocken
1 EL Mehl

Für den Reis:

½ l Wasser, ½ TL Salz
1/10 l trockener Weißwein
3 EL Butter oder Olivenöl
2 Schalotten, fein gehackt
200 g Rundkornreis
Butter für die Ringform

Dieses sehr alte spanische Gericht hat eine kubanische – nicht vegetarische – Variante. Diese sieht einen Schmoransatz mit Speck, Zwiebeln und Knoblauch sowie roter Paprikaschote vor. Gewürzt wird mit Oregano, Kreuzkümmel und Salz. Dazu kommen die vorgegarten Schwarzen Bohnen und der Reis mit der Kochflüssigkeit der Bohnen (Garzeit ca. 20 Minuten).

Rote-Kidneybohnen-Curry
Rajma   Indien

1 Rajma in einem Sieb unter warmem Wasser so lange waschen, bis die Flüssigkeit klar bleibt. In einer Schüssel mit so viel heißem Wasser übergießen, dass die Bohnen etwa 5 cm hoch bedeckt sind, über Nacht stehen lassen.

2 Kidneybohnen gut abtropfen lassen, mit 1 Liter frischem Wasser rasch zum Kochen bringen. Hitze reduzieren und die Bohnen halb zugedeckt ca. 50–60 Minuten köcheln, probieren, ob sie weich sind.

3 Fett erhitzen, Zimtstange und Kreuzkümmel kurz darin anrösten, Zwiebel zugeben und anbraten. Tomaten und Ingwer einrühren, Topf zudecken und die Mischung bei geringer Hitzezufuhr ca. 5 Minuten schmoren, gelegentlich umrühren.

4 Gewürze einschließlich Salz zugeben, durchrühren, ca. 1 Minute schmoren. Die gekochten Bohnen mit der Flüssigkeit unterheben, weitere 10 Min. köcheln.

5 Mit Koriander, Garam Masala und evtl. Asafoetida abschmecken. Rajma in eine Servierschüssel füllen, mit Ingwerstreifen und Koriandergrün garnieren. Dazu passt Langkornreis.

TIPP: Dieses Gericht lässt sich ebenso mit Roten Linsen zubereiten (Garzeit beachten).

◄ Rajma, Indien

200 g Rote Kidneybohnen (Rajma)
50 g Butterschmalz (eingesottene Butter), original Ghee oder Pflanzenöl
1 Zimtstange, in Stücke gebrochen
1 große Gemüsezwiebel, gehackt
4 Tomaten, gehäutet, entkernt, gehackt
1 TL frischer Ingwer, geschält, gerieben
je ½ TL Chili- und Kurkumapulver
Salz nach Geschmack
1 TL Koriander, gemahlen
½ TL Garam Masala (indisches Fertiggewürz, siehe auch S. 47)
evtl. 1 Prise Asafoetida, siehe unten

Zum Garnieren:
Ingwerstreifen,
Korianderblättchen

*Asafoetida, auch Asant oder Teufelsdreck genannt, wird aus den Wurzelstöcken einer Riesenfenchelart gewonnen. Sparsam verwenden, der Geschmack ist beißend und bitter.

Schwarze Bohnen-Curry
Maha Ki D(h)al   Indien

3–4 Portionen

150 g Urdbohnen (Urad Dal)
50 g Butterschmalz (eingesotte-ne Butter), original: Ghee (ein-gekochte, geklärte Butter)
1 Zimtstange, in Stücke gebrochen
1 TL Kreuzkümmelsamen
1 Zwiebel, geschält, fein gehackt
1 grüne Chilischote, fein gehackt
2 Tomaten, gehäutet, entkernt, gehackt
oder 250 g Tomatenpüree
½ TL frischer Ingwer, geschält, fein gerieben
1 kleine Knoblauchzehe, ge-schält, durchgepresst
¼ TL Kurkuma, gemahlen
Salz nach Geschmack
100 ml Sahne (Rahm)
½ TL Garam Masala (indisches Fertiggewürz, siehe auch S. 47)

1 Dal in einem Sieb unter kaltem Wasser so lange abbrausen, bis das ablaufende Wasser klar bleibt. Das Dal in ca. 1 Liter frischem Wasser zum Kochen bringen; die Hitze reduzieren und den Topf halb zudecken. Die Urdbohnen in ca. 45 Minuten garen.
2 Butterschmalz oder Ghee erhitzen, Zimtstan-ge und Kreuzkümmel darin anrösten, Zwiebel zugeben und anbräunen. Chilischote, Tomaten oder Püree einrühren, alle Gewürze zugeben. Die Mischung 5 Minuten schmoren, öfter um-rühren.
3 Gekochte Urdbohnen mit der Flüssigkeit zum Schmorgemüse geben, Sahne angießen und weitere 10 Minuten köcheln. In eine vorgewärm-te Servierschüssel füllen, mit Garam Masala be-stäuben und einen Gewürzreis dazu anrichten.

TIPP: Wird Urad Dal geschält und gespalten ver-wendet, so verringert sich die Kochzeit des Dals um die Hälfte.

Straucherbsen mit Reis
Kitcheree   Indien

1 Toor Dal und Basmatireis einige Male mit kaltem Wasser überbrausen, bis die ablaufende Flüssigkeit klar bleibt. In einem Sieb gut abtropfen lassen.

2 Öl erhitzen, die gehackte Zwiebel darin langsam hellgelb anschwitzen. Mit Kurkuma und Kreuzkümmel bestreuen, die Chilischote darüber krümeln. Zimt, Nelken und Kardamom unter Rühren 2–3 Minuten mitbraten. Dann die Straucherbsen und den Reis zugeben und alles etwa 2–3 Minuten unter Rühren weiterbraten.

3 Das Wasser angießen, Korianderblättchen zugeben und das Kitcheree aufkochen. Hitzezufuhr zurücknehmen und das Gericht ca. 10 Minuten köcheln. Von der Kochstelle nehmen und noch 10 Minuten bei aufgelegtem Deckel ziehen lassen.

4 Das Kitcheree in eine vorgewärmte Servierschüssel füllen, mit Zitronenachteln garnieren und Pickles sowie indisches Brot dazu servieren.

TIPP: Indisches Brot gibt es fertig zu kaufen. Wenn man möchte, kann man es im Backofen oder in der Pfanne erwärmen.

3–4 Portionen

125 g Toor Dal (Straucherbsen, geschält, gespalten)
225 g Basmatireis
3 EL Sonnenblumenöl
1 mittelgroße Zwiebel, fein gehackt
1 EL Kurkumapulver (Gelbwurz)
1 TL Kreuzkümmelsamen
1 rote getrocknete Chilischote
etwa 3 cm Zimtstange
3 Nelken
3 grüne Kardamomkapseln, etwas flachgedrückt
500–600 ml Wasser
½ Bund Koriander, Blättchen gehackt

Beilagen:
Zitronenachtel
Pickles, selbst gemacht oder fertig gekauft
Indisches Brot z.B. Chapati oder Papads (Pappadams), siehe Tipp

Kitcheree wird in manchen Gegenden Indiens auch mit Mung Dal – Mungbohnen –, halbiert und geschält, zubereitet. Halbierte Mungbohnen sind klein, flach und gelb; sie müssen nicht eingeweicht werden. Sie sind leicht verdaulich und garen sehr schnell.
Es gibt in Großbritannien ein Gericht das Kedgeree heißt. Der Ursprung ist das oben beschriebene Gericht. Die Engländer fügen noch geräucherten Fisch oder frisches Lachsfilet, vermischt mit Basmatireis, und gekochte Eier bei!

Desserts

Konfekt aus Grieß und Kichererbsenmehl
Chandan Pak   Indien

ca. 40–50 Stück

250 g Süßrahmbutter
80 g Weizengrieß
240 g Kichererbsenmehl (Besan)*
100 g Puderzucker
½ TL Kardamom, gemahlen
1 EL Pistazien, fein gehackt
1 EL Mandeln, fein gehackt

*Besan bekommt man in türkischen und
indischen Geschäften.

1 In einem Topf die Butter langsam schmelzen lassen, nicht bräunen. Den Weizengrieß zugeben und unter Rühren mit einem Holzlöffel bei geringer Hitzezufuhr ca. 10 Minuten anrösten.
2 Kichererbsenmehl zugeben, gut mit dem Grieß verrühren. Hitzezufuhr erhöhen, ca. 2 Minuten rühren, bis die Masse Blasen wirft. Dann die Hitze auf kleinste Einstellung reduzieren und die Masse in ca. 20–25 Minuten goldbraun anrösten. Gelegentlich umrühren.
3 Nach und nach den Puderzucker einrühren. Die Konfektmasse ist fertig, wenn sie leicht vom Holzlöffel fällt. Topf von der Kochstelle nehmen, Kardamompulver zufügen, verrühren.
4 Die Masse mit einem Spachtel auf einem mit gefettetem Backpapier ausgelegten Kuchenblech ca. 2 cm dick zu einem Quadrat ausstreichen. Gehackte Pistazien und Mandeln darauf streuen, fest andrücken und die Konfektmasse abkühlen lassen. Mit einem Messer in Quadrate schneiden.

Chandan Pak, Indien ▶

Bällchen aus Kichererbsenmehl
Besan Laddu

125 g Butterschmalz (eingesottene Butter), original: Ghee (eingekochte, geklärte Butter)
250 g Kichererbsenmehl (Besan, siehe S. 156), gesiebt
225 g Puderzucker, gesiebt
1 EL Cashewnüsse, gehackt
1 EL Mandeln, geschält, in Stifte geschnitten
1 EL Pistazien, in Stifte geschnitten
½ TL Kardamom, gemahlen
1 Msp. Safranpulver
¼ TL Muskat, frisch gerieben

1 Butterschmalz oder Ghee in einem Topf zerlassen, nicht bräunen. Kichererbsenmehl zugeben, bei geringer Hitzezufuhr unter geduldigem, ständigem Rühren in ca. 30 Minuten goldbraun anrösten.
2 Topf von der Kochstelle nehmen, alle übrigen Zutaten mit dem angerösteten Kichererbsenmehl gut vermischen.
3 Sobald die Masse soweit abgekühlt ist, dass man sie in die Hand nehmen kann, etwa walnussgroße Bällchen daraus formen.
Die Bällchen passen gut zu Tee oder Kaffee.

Kichererbsen-Pudding
Dulce de garbanzos

2 Tassen Kichererbsen, über Nacht eingeweicht
1 Tasse flüssiger milder Honig
2 Tassen frische Vollmilch
etwas unbehandelte Zitronenschale, fein abgerieben
2–3 Msp. Zimtpulver, nach Geschmack

Zum Anrichten:
Butter für die Form
Honig zum Übergießen

1 Die Kichererbsen gut abtropfen lassen; anschließend zwischen den Händen reiben, um die Häutchen abzulösen. Kichererbsen fein mahlen.
2 Honig erhitzen, Kichererbsenmehl und Milch einrühren, mit Zitronenschale und Zimt würzen. Die Masse aufkochen, Hitze reduzieren. Mit einem Holzlöffel unter ständigem Rühren zu einem Brei kochen. Wenn sich die Masse vom Topfboden löst, ist der Pudding fertig.
3 Eine Puddingform mit Butter ausfetten, Pudding einfüllen und erkalten lassen.
4 Pudding in Portionsstücke teilen und mit Honig übergossen servieren.

Farbiges Bohnendessert
Frijol colado   Peru

1 Die Bohnen verlesen, über Nacht in reichlich Wasser einweichen. Am nächsten Tag abtropfen lassen. Mit frischem Wasser in ca. 2 ½ Stunden weich kochen (kein Salz zugeben).

2 Bohnen durch ein Sieb passieren, mithilfe eines Handrührgerätes mit der Kondensmilch vermischen, es soll eine feine Paste entstehen.

3 Zucker mit Wasser und Nelkenpulver in 15 Minuten sprudelnd zu einem dicken Läuterzucker (Sirup) kochen.

4 Die Bohnencreme einrühren, sanft köcheln und immer mit einem Holzlöffel rühren, bis sich die Masse vom Topfboden löst. In eine Servierschüssel füllen, mit Sesam bestreuen und gut gekühlt servieren.

TIPP: Dieses peruanische Rezept sieht eigentlich die doppelte Menge Zucker vor; das ist für unsere Gaumen etwas zu süß.

500 g schwarze Bohnen
¼–⅜ l Kondensmilch (je nach Beschaffenheit der Bohnen)
625 g feiner Zucker
½ l Wasser
1 TL Nelken, gemahlen
1 EL Sesam, geröstet, siehe unten

Sesamsamen rösten:
Die Körnchen gründlich waschen und sehr gut abtropfen lassen, evtl. noch mit Küchenkrepp trocken tupfen. Leicht feucht in einen hohen Topf schütten und bei geringer Hitzezufuhr rösten. Vorsicht! Wenn die Körner geröstet sind, springen sie. Einen Topfdeckel bereit halten, aber nicht auflegen.

Rezepte von A – Z

Eine Baiana bereitet Bohnenküchlein (Acarajé) zu (Brasilien) ▶

Stichwortverzeichnis

Literaturnachweis

Amerika – Das Land und seine Küche,
   München, 1993

Amiard, Mouton, Zu Gast in Marokko,
   München, 2001

André, Jean-Louis, Cuisines de pays de France,
   Paris, 2001

Bauerlie, Heidi, Kochkunstreise Santorin,
   Weil der Stadt, 2003

Bharadwaj, Monisha, Die Indische Küche,
   München. 2000

Bauer-Hild, Margarete, Kanarische Inseln –
   Küche, Land und Menschen,
   Weil der Stadt, 1993

Conran, Caroline, Delicious Home Cooking,
   London, 1992

Cox, Beverly, und Jacobs, Martin, Das Indianer
   Kochbuch, München, 1996

Culinária Nordestina, Encontro de Mar e
   Sertão, Rio de Janeiro, 2001

Degner, Rotraud, Die Deutsche Küche,
   München, 1990

Gerlach, Edith, , Im Midi, Weil der Stadt, 1996

Graff, Monika, Brasilien – Küche, Land und
   Menschen, Weil der Stadt, 1997

Graff, Monika, Brasilianisch feiern,
   Weil der Stadt, 2007

Kaltenbach, Marianne / Cerabolini, Virginia,
   Aus Italiens Küchen, Bern, 1986

Kopecky, Mrinal, Indisch vegetarisch,
   Weil der Stadt, 2008

Lambert-Ortiz, Elisabeth, The Flavour of Latin
   America, London, 1998

Osborne, Christine, Middle Eastern Cooking,
   London, 1994

Scharfenberg, Host, Aus Deutschlands
   Küchen, Weil der Stadt, 2004

Scharfenberg, Horst, Die Küchen Amerikas,
   Weil der Stadt, 1996

Steckhan, Ilona / Graff, Monika, Küchen-
   schätze der Indios und Indianer,
   Weil der Stadt, 2000

DANKSAGUNG

Danken möchte ich Heidi Bauerle, Autorin der Bücher »Santorin« und »Athen«, Ki J. Kim-Beller,
Mrinal Kopecky, Autorin des Buches »Indisch vegetarisch«, Gitta Mohrdieck und Regina Lilien-
fein sowie Tania Tavares, Co-Autorin des Buches »Brasilien – Küche, Land und Menschen« für
wichtige Rezepte, kompetenten Rat und tatkräftige Mithilfe beim Probekochen.

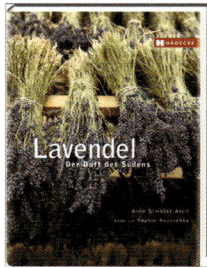

Anne Simonet-Avril
Lavendel – der Duft des Südens

Das große Buch über die traditionsreiche Pflanze des Mittelmeer-Raums. Alles Wissenswerte in Wort und Bild: Anbau, Ernte, Land und Menschen, Destillationsverfahren und Öle, raffinierte Rezepte für Kosmetik, Parfüm, Anwendungen im Haus oder in Menüs von Sterneköchen. Mit zahlreichen Adressen von Museen, Destillerien, Gärten und Festen.
ISBN 978-3-7550-0438-1

Ralf Hiener, Olaf Schnelle und Anne Freidanck
Wildkräuter – Natur + Küche

Überraschende Wildkräuter-Variationen in der Küche: Ob Ackerveilchen, Bronzefenchel, Engelwurz, Giersch, Melde, Ringelblume, Schafgarbe, Süßdolde oder Waldmeister: das Buch bietet neben ausführlichen Porträts zu rund 40 Wildkräutern raffinierte und leckere Rezepte.
ISBN 978-3-7750-0540-1

Thuri Maag und Theres Berweger
Basilikum – viel mehr als ein Küchengewürz

Basisinformationen zu 16 Basilikumsorten. Geschichte, Herkunft, Anbau, Verwendung. Rezepte von Drinks und Hauptgerichten bis zu Gebäck und Desserts.
ISBN 978-3-7750-0476-3

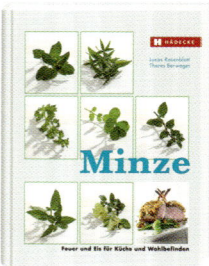

Lucas Rosenblatt und Theres Berweger
Minze – Feuer und Eis für Küche und Wohlbefinden

Es gibt über 300 Minzesorten und ihre Verwendung geht weit über Tees oder Minzsauce zum Lamm hinaus! Hier werden 28 gut erhältliche Minzen ausführlich vorgestellt, von feurig-scharf bis fruchtig-mild. Tipps zum Sammeln und für den Anbau sowie viele Rezepte für Leib und Seele.
ISBN 978-3-7750-0444-2

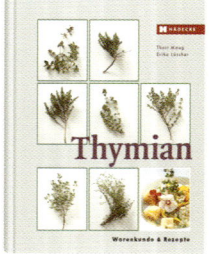

Thuri Maag und Erika Lüscher
Thymian – Warenkunde & Rezepte

Südlicher Aromenzauber mit 18 Kräuterporträts, naturnahen sommerlichen Rezepten fürs ganze Jahr und einem Extrakapitel zu Gesundheit & Wohlbefinden.
ISBN 978-3-7750-0528-9

Weitere Informationen über Bücher für Genießer erhalten Sie beim

Walter Hädecke Verlag · Postfach 1203 · 71256 Weil der Stadt b. Stuttgart
Fax +49(0) 70 33 / 138 08 13 · E-Mail info@haedecke-verlag.de